garten
kurz & gut

Joachim Brocks

Richtig
einwintern

im NATURNAHEN GARTEN

aVBUCH

Inhalt

Vorwort

Der Naturgarten im Winter

Wenn sich die tiefen Temperaturen heranschleichen und sich eine dicke Schneedecke über die Natur legt, dann kehrt Ruhe ein im Garten; alles Leben scheint zu verstummen. Die Pflanzen haben sich zurückgezogen und die Tiere überdauern schlafend die kalte Jahreszeit …

Mit diesem Bild vor Augen könnte man der Vorstellung verfallen, dass es im winterlichen Naturgarten eigentlich gar nichts zu sehen, zu nutzen oder zu erleben gibt. Doch zum Glück ist das ganz und gar nicht der Fall.

Unsere Winter sind von dieser durchgehenden kältestarren, schlafenden und schneebedeckten Phase des Jahres meist weit entfernt. Kalte und wärmere Perioden wechseln sich ab, oft sind Ernten bis in den Dezember aus dem Garten möglich. Auch die Gestaltung der Gärten hat den Winter mittlerweile tief ins Herz geschlossen. Die heimischen Gehölze zieren sich bis in den Winter mit bunten Früchten; standortangepasste Winterblüher duften und erfreuen uns mit willkommenen Farbtupfern. Bunt ist auch das Treiben am Vogelhäuschen, wo wir unsere singenden Nützlinge ein paar Monate bei Laune halten und deren Vielfalt genießen können.

Also sogar im Winter mühsame Gartenarbeit auch im pflegeleichtesten Naturgarten? „Im Naturgarten kann man vieles und muss wiederum nichts", sagte zu mir einmal Prof. Dr. Georg Grabherr, Wissenschaftler des Jahres 2012. Je näher wir uns an der Natur orientieren, desto eher können wir uns aufs Beobachten und Genießen konzentrieren. Doch natürlich sind Gärten so vielfältig wie ihre Gärtnerinnen und Gärtner; jeder hat seine Vorlieben und Leidenschaften. So kommen auch einige ausgefallene Arten, Kübelpflanzen, spezielle Rosensorten oder wärmeliebende Nutzpflanzen in den Garten, und das ist wunderbar. Alles, was ohne Gifte, Torf und chemische Dünger auskommt, ist herzlich willkommen – und wie wir dann unsere Lieblinge in den verschiedenen Gartenbereichen am besten durch den Winter begleiten, soll uns dieses Buch zeigen. Dabei wünsche ich Ihnen viel Vergnügen.

Joachim Brocks

Was es bedeutet, Winter zu haben

In Mitteleuropa denken wir beim Gärtnern gerne im Rhythmus der vier Jahreszeiten: der Frühling, die Zeit der Zwiebel- und Knollenpflanzen, der Obstbaumblüte und der bunten Blumenwiesen, der Sommer mit voll belaubten Gehölzen, Gemüse- und Kräuterbeeten, der Herbst mit seinen Früchten und Laubfärbungen und natürlich der Winter, wo alles zur Ruhe kommt.

Diese Jahreszeiten verdanken wir der Neigung unserer Erdachse. Die Achse, um die sich die Erde täglich dreht, ist um 23,5 Grad geneigt, bezogen auf die Bahn, die sie um die Sonne nimmt. Die Neigung bleibt auf ihrer Laufbahn konstant, und somit ist die nördliche Erdhalbkugel im Sommer der Sonne zu- und im Winter abgewandt. Dass es im Sommer wärmer ist, hängt also damit zusammen, dass die Strahlen der Sonne in einem steileren Winkel auf die Erde treffen. Mehr Strahlenenergie auf kleinerem Raum und die längeren Tage bedeuten stärkere Erwärmung. Im Winter fallen die Sonnenstrahlen in unseren Breiten sehr flach auf die Erde ein – dadurch verteilt sich die Strahlenenergie auf eine große Fläche und das bei einer weit geringeren Tageslänge als im Sommer. Die logische Folge ist eine kalte Jahreszeit mit Eis und Schnee. Je weiter wir in den Norden gehen, desto deutlicher wird die Ausprägung dieser Jahreszeiten.

Im Großen wie im Kleinen: Makro- und Mikroklima

Winter ist auch in unseren Breiten nicht gleich Winter. Wie ausgeprägt dieser ist, verändert sich von Westen nach Osten sowie von Süden nach Norden. Die ozeanischen, küstennahen Gebiete Westeuropas sind stark von Westwinden geprägt. Das Klima ist generell feuchter und zeigt geringere Jahresschwankungen der Temperatur. Im Vergleich dazu zeichnet sich das Klima in den kontinental geprägten Landschaften des Ostens durch geringe Niederschläge, heiße Sommer und kalte Winter aus. Die Temperaturschwankungen sind hier größer und das Thermometer fällt regelmäßig unter −20 °C. Die Temperaturen sinken andererseits auch graduell von Süden nach Norden. Auch die Seehöhe hat natürlich einen entscheidenden Einfluss auf das Klima – je höher wir kommen, desto kälter und niederschlagsreicher werden auch die Winter.

Diese klimatischen Unterschiede spiegeln sich in der natürlichen Vegetation Mitteleuropas genauso wider wie in unseren gärtnerischen Möglichkeiten und Grenzen. Je strenger die Winter und je ausgeprägter die klimatischen Extreme, desto eher empfiehlt es sich, robuste und standortangepasste Arten und Sorten im Garten zu verwenden.

Der phänologische Kalender unterscheidet zehn „Jahreszeiten".

Gärtnerische Kreativität zeigt sich aber nicht nur in der Pflanzenverwendung, sondern auch in der klugen Gestaltung der Grünräume. Die klimatischen Extreme lassen sich auf viele Wege abschwächen. Gut geplante Geländemodellierungen, eine schützende Hecke oder Gehölzgruppen, ein Innenhof, ein Südhang, Trockensteinmauern als Sonnenfallen oder sogar ein Senkgarten sind Möglichkeiten, ein milderes und windgeschützteres Kleinklima zu schaffen. Und wie immer erspart es viele Probleme, wenn unsere Beete, Kräutergärten, Teiche, Obstbäume und Blumenwiesen an einem für sie passenden Standort angelegt werden.

Der phänologische Kalender

Es gibt unterschiedliche Möglichkeiten, das Klima groß- und kleinräumig zu klassifizieren. Winterhärtegrade wurden festgelegt, die die Winterhärte von Pflanzen beurteilen; die Jahreszeiten können astronomisch oder meteorologisch festgelegt werden. In diesem Sinne würde im ersteren Fall der Winter vom 21. oder 22. Dezember bis zum 20. oder 21. März und im zweiten Fall vom 1. Dezember bis zum 1. März dauern. Für Gartenmenschen sind solche Einteilungen eher zweitrangig. Für sie zählt einfach das, was sich bei den Pflanzen und Tieren des Gartens tut. Auf diesem Ansatz beruht der „phänologische Kalender". Das Jahr wird hier gleich in ganze zehn Abschnitte unterteilt, die mit dem Auftreten eines deutlichen Phänomens der Natur einhergehen. Diese Phänomene – wie das Aufblühen einer bestimmten Pflanzenart oder der Laubfall – sind von den vorher genannten astronomischen oder meteorologischen Daten unabhängig und zeigen sich in verschiedenen Gebieten zu unterschiedlichen Zeiten.

So startet der Vorfrühling unter anderem mit der Blüte des Schneeglöckchens, der Erstfrühling mit der Forsythienblüte, der Vollfrühling mit der des Apfels, der Frühsommer mit der Blüte des Schwarzen Holunders, der Hochsommer mit dem Aufblühen der Sommer-Linde, der Spätsommer mit dem Reifen der Felsenbirne, der Frühherbst mit der Blüte der Herbstzeitlose, der Vollherbst mit der Reife der Walnuss, der Spätherbst mit dem Beginn des Laubfalls der Wildbäume. Der Winter startet im phänologischen Jahreskreis, wenn alle Bäume ihr Laub abgeworfen haben, die das natürlicherweise tun. Mithilfe dieses „phänologischen Kalenders" lassen sich auch Gartentätigkeiten zeitlich optimal festlegen, ohne dass ein konkretes Datum genannt werden muss. So kann man z. B. den besten Zeitpunkt des Rosenschnittes mit dem Start der Forsythienblüte beschreiben – und dieser kann je nach Region um Wochen auseinanderliegen.

Lebensformen der Pflanzen und natürliche Anpassungen

Die Pflanzen sind im Gegensatz zu den meisten tierischen Organismen modular aufgebaut. Das heißt, dass sie ihr ganzes Leben lang wachsen und sich aus gleichförmigen Einheiten (Modulen) zusammensetzen. Die endgültige Form der Pflanze ist also nicht festgelegt. Teile können immer wieder verloren gehen, absterben, gefressen oder vom Wind abgerissen werden – die modulare Organisation der Pflanzen ermöglicht immer wieder neues Wachstum. Das ist auch für das Überwintern der Pflanzen von großer Bedeutung. Für manche Pflanzengruppen ist das

Absterben der oberirdischen Teile sogar natürlich vorgesehen. Sie besitzen Erneuerungsknospen, von denen im nächsten Frühjahr das neue Wachstum ausgeht.

Ökologen unterscheiden Pflanzen gerne nach der Strategie, wie ihre Erneuerungsknospen den Winter unbeschadet überdauern. Diese Einteilung hilft auch uns, die Pflanzen im eigenen Garten besser zu verstehen und sie gegebenenfalls sogar zu unterstützen.

Die erste Gruppe umfasst Bäume, hochkletternde Lianen und Sträucher. Sie alle tragen die Überdauerungsknospen über einer potenziell schützenden Laub- oder Schneeschicht. In unseren Breiten verlieren die meisten dieser Pflanzen ihre Blätter im Winter. Dieser Blattwurf ist ein Schutz vor dem Verdursten.

Die Knospen der Bäume überwintern in luftiger Höhe.

©Brocks

©Brocks

Mit der Herbstfärbung beginnt die phänologische
Jahreszeit „Vollherbst".

Herbstfärbung und Laubfall

Warum verfärben sich die Blätter im Herbst?

Die Blätter unserer Pflanzen beinhalten verschiedene Farbstoffe. Das Blattgrün oder Chlorophyll ist dabei dominant und auch in erster Linie für die Photosynthese verantwortlich. Bei diesem Prozess wird mithilfe der Sonnenenergie Wasser gespalten und dabei chemische Energie für die Herstellung von Zuckern produziert. Als „Abfallprodukt" dieser chemischen Reaktion entsteht der für das Leben auf der Erde so wichtige Sauerstoff. Die Blätter absorbieren das Licht nicht gleichmäßig, sondern filtern Strahlen bestimmter Wellenlängen heraus. Da diese Wellenlängen im roten und blauen Bereich liegen, erscheinen uns die Blätter grün. Es ist dieser Anteil des Lichtes, der im Farbenspektrum einfach übrig bleibt. Zusätzlich zum grünen Farbstoff Chlorophyll enthalten die Blätter auch gelbe und oft auch rote Farbstoffe – die Carotinoide und Anthocyane.

Gesteuert durch die kurzen Tageslängen und beschleunigt durch tiefe Temperaturen, werden in den Gehölzen Hormone aktiv. Diese sorgen dafür, dass die wertvollen Inhaltsstoffe der Blätter in die Speichergewebe der Pflanzen – in den Stamm und die Wurzel – transportiert werden. Das Chlorophyll wird in der Regel einige Tage vor den anderen Farbstoffen in den Blättern abgebaut – somit bleiben die gelben und roten Farbstoffe übrig und verzaubern uns Jahr für Jahr mit dem prächtigen Farbenspiel des Herbstes.

Das wirkt möglicherweise irritierend, weil ja gerade im Winter so häufig Niederschläge fallen. Doch die meist gefrorenen Böden machen es den Pflanzen unmöglich, Wasser über die Wurzeln aufzunehmen. Die Verdunstung der Blätter durch die Sonneneinstrahlung würde es aber notwendig machen, Wasser aufzusaugen. Immergrüne Bäume und Sträucher haben besondere Anpassungen, um mit dieser „Frosttrocknis" zurechtzukommen. Das sind in unserer Naturlandschaft zum einen die Koniferen, die mit ihren nadelförmigen und durch eine dicke Wachsschicht geschützten Blätter die Verdunstung reduzieren können, und zum anderen Stauden, Farne oder Kleinsträucher, die meist im schattigen Unterwuchs der Bäume leben. Die immergrünen Sträucher besitzen zudem häufig derbe Blätter mit einer schützenden Wachsschicht, um die Wasserverluste im Winter zu minimieren.

Die Überdauerungsknospen der Stauden warten geduldig auf den Frühling.

Wenn die Blätter fallen

Unsere sommergrünen Pflanzen verlieren die Blätter nach der herbstlichen Verfärbung. Die Immergrünen und unsere tropischen Kübelpflanzen behalten das Laub hingegen das ganze Jahr über und stoßen dieses nach und nach ab. In beiden Fällen wird an der Basis des Blattstieles ein Trennungsgewebe angelegt, das es der Pflanze ermöglicht, Blätter aktiv loszuwerden. Dabei wird auch einiger chemischer Ballast entsorgt, der sich im Laufe des Jahres dort angesammelt hat. Der Verlust der Blätter schützt also nicht nur vor dem Verdursten, er ist auch eine willkommene Entschlackungskur.

Um den Winter unbeschadet zu überstehen, brauchen die Bäume, Sträucher und Lianen – wie die meisten anderen Lebensformen auch – eine Abhärtungsphase. Durch Temperaturen unter dem Gefrierpunkt besteht sonst die Gefahr, dass sich in den Zellen oder den Zellzwischenräumen Eis bildet. Dadurch würden die Pflanzenzellen zerstört oder ausgetrocknet. Um dem entgegenzuwirken, leitet die Pflanze verschiedenste Substanzen wie Zucker, Aminosäuren und Eiweiße in ihre Zellen, die eine Eisbildung verhindern. Diese Einlagerung wird durch kühle Temperaturen eingeleitet und braucht eine gewisse Zeit. Da die hoch liegenden Knospen nicht durch eine Laub- oder Schneeschicht geschützt werden, sind sie meist auch noch mit harzhaltigen und oft behaarten Knospenschuppen bedeckt.

Die Pflanzen der nächsten Lebensform-Gruppe rücken mit ihren Erneuerungsknospen bereits viel näher an den Boden heran und werden normalerweise dort auch von einer Schneedecke geschützt. Zu dieser Gruppe gehören Zwerg- und Halbsträucher, Stauden mit hoch liegenden Überdauerungsknospen und Polsterstauden. In der Natur finden wir sie oft auf ungünstigen Standorten, an die sie besonders angepasst sind. Sie profitieren vom Schneeschutz und schaffen sich durch ihre Wuchsform selbst ein verbessertes Mikroklima. In unseren Gärten finden wir sie häufig in Trockenbeeten oder auf Trockensteinmauern. Häufig fehlt hier aber die schützende Schneedecke. Abhilfe schafft eine Mulchdecke, z. B. aus Laub oder Stroh.

Zwiebelpflanzen überwintern mit ihren unterirdischen Speicherorganen.

Bei unseren Stauden und zweijährigen Pflanzen befinden sich die Überdauerungsknospen unmittelbar an der Bodenoberfläche. Die Pflanzenteile, die über diesen Knospen liegen, sterben im Winter ab. Am Naturstandort sind sie im Winter meist von einer Laubschicht bedeckt oder schützen sich selbst durch abgestorbenes Laub oder durch überdauernde Blattrosetten. Gemäß ihrer natürlichen Standortbedingungen, freuen sich besonders die Stauden und Farne über eine Mulchschicht. Die Gräser und Rosettenstauden der Wiese oder des Kräuterrasens schützen sich dagegen mit ihren eigenen Strukturen selbst.

Andere Pflanzen überdauern den Winter überhaupt gänzlich unter der Erde. Dazu zählen die Zwiebel- und Knollenpflanzen. Sie sind durch den Boden besonders geschützt und haben all ihre Energie für das Wachstum bereits in einer günstigen Phase des Jahres gesammelt. Sie warten auf den richtigen Moment, um ihre Blätter und Blüten zu treiben, und sind so auch die prägenden Blüher des Vorfrühlings – in der Natur genauso wie im Garten. Mit all der gespeicherten Kraft in den unterirdischen Organen können z. B. die Zwiebelpflanzen des Waldes zu einer Zeit wachsen, blühen und fruchten, in der das Laub der Bäume noch nicht ausgetrieben ist. Sie brauchen das Licht auch unbedingt, um wieder genug Nährstoffe für die Ruhezeit sammeln zu können, bevor sie das Blätterdach in ein Schattendasein taucht. Auch im Garten ist es daher wichtig, das Laub der Zwiebelpflanzen so lange zu belassen, bis es von selbst einzieht. Nur dann können sie uns auch im nächsten Jahr wieder erfreuen.

Die letzte Pflanzengruppe überwintert einfach als Same. Diese Einjährigen finden wir als Beikräuter in unseren Gemüse- und Staudenbeeten genauso wie als Sommerblumen, die unsere Beete bereichern und als einjährige Kräuter unserer Küchengärten. Auch bei den Einjährigen empfiehlt es sich, sich mit dem Lebensrhythmus der gesäten Pflanzenarten in der Natur vertraut zu machen.

Viele Arten samen bereits im Sommer aus und benötigen einen winterlichen Kältereiz, um keimen zu können. So verhindern die Pflanzen, dass sie bereits im Herbst keimen und dann als empfindliche Jungpflanzen im Winter zugrunde gehen. Wer auf Nummer sicher gehen will, gibt das Saatgut vor der Aussaat ein paar Tage in den Kühlschrank (nicht ins Gefrierfach) – auf diese Weise kann man ein Stück „Winter" simulieren.

Tiere im winterlichen Naturgarten

Naturgärten sind Lebensräume für Menschen, Pflanzen und Tiere. Es macht großen Spaß, den Garten zu gestalten, eigene Ideen umzusetzen, sein Obst und Gemüse zu produzieren und das eigene Grün so richtig zu genießen. Die Wünsche, Träume und Vorlieben der Gärtnerinnen und Gärtner prägen unsere Grünräume am stärksten. Im Naturgarten beziehen wir jedoch auch die wild lebenden Pflanzen und Tiere mit ein. Sie werden uns auf alle Fälle begleiten – manchmal erwünscht, manchmal auch lästig. Ein wenig Gelassenheit und aufmerksames Interesse eröffnet uns aber auch eine besondere Welt voller lebendiger Überraschungen. Wenn wir schöne und nützliche Tiere in unseren Garten locken und dort auch nachhaltig ansiedeln wollen, ist es notwendig, sich mit den Lebensbedürfnissen der Tiere zu beschäftigen. Neben dem Nahrungsangebot und den passenden Lebensräumen ist auch das richtige Winterquartier für viele Tiere von größter Bedeutung.

Eine mögliche Strategie, mit dem Winter fertigzuwerden, ist natürlich, ihm zu entfliehen.

Viele unserer heimischen Vögel ziehen bekannterweise in den Süden – aber auch einige Schmetterlings- und Schwebfliegenarten. Wer bleibt, muss sich mit einigen Herausforderungen des Winters arrangieren. Die kalten Temperaturen verlangsamen sämtliche Stoffwechselvorgänge, und Eisbildung in oder zwischen den Körperzellen hat auch für Tiere tödliche Folgen. Dazu kommt, dass in der kalten Jahreszeit das Angebot an Nahrung deutlich eingeschränkt ist. So hat unsere Tierwelt Anpassungen entwickelt, um den Winter besser zu überdauern.

Manche bleiben aktiv

Manche Tiergruppen – wie die Säugetiere oder Vögel – können ihre Körpertemperatur unabhängig von der Umgebungstemperatur regulieren. Sie haben auch noch den Vorteil, dass sie durch Fell oder Federn geschützt sind. Auf diese Weise schaffen es manche dieser „gleichwarmen" Tiere, den ganzen Winter hinweg mehr oder weniger aktiv zu bleiben. Das gilt für manche Vogelarten wie Finken, Meisen oder den Kleiber, die uns am winterlichen Futterhäuschen erfreuen. Andere winterliche Gäste sind uns oft weniger willkommen, wenn sie in unseren Gärten nach Nahrung suchen – Hasen, Rehe oder Wühlmäuse stellen die Geduld mancher Gartenfreunde auf eine harte Probe. Die meisten Tiere reduzieren jedoch ihre Aktivitäten im Winter in unterschiedlichem Ausmaß. Bei gleichwarmen Tieren spricht man von Winterschlaf oder Winterruhe, wobei die Unterscheidungen in der Natur wie immer weniger streng sind, als wir das oft gerne hätten. Wechselwarme Tiere fallen in eine Kältestarre.

Eichhörnchen verlassen ihr Winterquartier, um Futter zu suchen.

Tiere im Winterschlaf

Winterschlaf bedeutet, dass die Tiere oft über mehrere Monate ihre Körpertemperatur stark absenken und ihre gesamten Lebensfunktionen reduzieren. In diesem schlafähnlichen Zustand verlangsamen sich Atmung und Herzschlag, der Blutdruck sinkt, Nahrung wird keine aufgenommen. Die Tiere statten sich geschützte Winterquartiere aus, wo sie ruhen, aber nicht durchgehend schlafen. Die Schlafphasen von Igel, Siebenschläfer, Gartenschläfer oder z. B. der Fledermäuse betragen Tage bis Wochen. In dieser Zeit werden die Fettreserven der Tiere, die sie sich im Herbst angefressen haben, aufgezehrt.

Für manche reicht die Winterruhe

Andere Tiere, wie die Eichhörnchen, Marder oder Dachse, halten nur eine Winterruhe. Manche legen Nahrungsdepots an und unterbrechen regelmäßig ihre Ruhephasen. Sie alle verlassen ihre Bauten immer wieder, um zu fressen. Oft ziehen sie sich nur bei extremeren Kälteeinbrüchen für längere Zeit in ihre Winterquartiere zurück, um zu schlafen.

Kältestarre für die Wechselwarmen

Wechselwarme Tiere können ihre Körpertemperatur nicht aktiv konstant halten; sie verändert sich mit der Umgebungstemperatur. Zu ihnen gehören Reptilien, Amphibien, Schnecken, Spinnentiere und Insekten. Für die Wechselwarmen hat die Evolution mannigfaltige Möglichkeiten entwickelt, wie sie dem Kältetod entgehen können. Allen gemeinsam ist, dass sie ihre Lebensfunktionen extrem reduzieren können und dass sie chemische Stoffe wie Zucker, Salze oder Alkohole in ihren Körperzellen anreichern, um Eisbildung zu verhindern. Manche Amphibien – wie Frösche – überwintern im Schlamm des Teichgrundes. Andere, wie beispielsweise Kröten oder Molche, suchen sich geschützte Winterquartiere an Land in Steinhaufen oder Mauerhöhlen. Gehäuseschnecken bilden einen schützenden Deckel aus und überwintern in Erdlöchern. Was die oft unbeliebten Nacktschnecken betrifft: Die meisten von ihnen überdauern die kalte Jahreszeit im Ei-Stadium. Doch in milden Wintern entdeckt man immer wieder auch erwachsene Exemplare unter der Laubschicht.

Unverzichtbar für den Naturgarten sind natürlich auch Spinnen und Insekten. So vielfältig diese Tiergruppen sind, so zahlreich sind auch ihre Überwinterungsstrategien. Manche überwintern als Eier, andere als Larven oder Puppen, wieder andere trotzen der Kälte als erwachsene Tiere. Besonders Letztere finden gerade in naturnahen Gärten optimale Bedingungen vor. Holz- und Laubhaufen, Trockensteinmauern, wilde Ecken, vielleicht sogar Schuppen, Dachböden oder spezielle Nützlingsquartiere sorgen dafür, dass manche Spinnen, Marienkäfer, Florfliegen, Wildbienen oder bestimmte Schmetterlingsarten schon im zeitigen Frühjahr aktiv werden können. Wer diesen Tieren also ein Winterquartier bietet, hat einen Startvorteil, was das ökologische Gleichgewicht des Gartens im Frühjahr betrifft.

Standortgerechte Pflanzenverwendung

Zusätzlich zu den bereits besprochenen klimatischen Voraussetzungen eines Gartengebietes sind noch einige weitere Aspekte wichtig, um die richtige Pflanze für den richtigen Standort im Garten und Grünraum zu finden. Wer das Glück hat, einen Garten von Grund auf planen zu können, bedenkt auch die Geologie und die typische Zusammensetzung der natürlichen Vegetation seiner Region.

Gerade die natürliche Zusammensetzung der Pflanzenwelt gibt uns sehr deutliche Hinweise auf die Arten, die wir auch in Gärten erfolgreich einsetzen können. Die durchschnittlichen Böden einer Region können kalkreich oder -arm sein, eher sandig oder lehmig bis tonig. All das spiegelt sich in der natürlichen Vergesellschaftung der Arten einer Pflanzenregion wider.

Oft wird davon gesprochen, dass es modern wird, in Gärten wieder verstärkt heimische Pflanzen einzusetzen. Dieser Trend ist sehr zu begrüßen und wird immer beliebter. Heimische und regional produzierte Pflanzen werden mittlerweile von spezialisierten Gärtnereien und Baumschulen angeboten; auch Vereine wie z. B. die „Regionale Gehölzvermehrung" in Österreich leisten in diesem Zusammenhang großartige Arbeit. Wichtig ist, dass „regional" nicht mit nationalen Grenzen verwechselt werden darf. Denn um Staatsgrenzen sorgt sich die naturnahe Vegetation wenig. So weit es möglich ist, sollte man versuchen, Gärten mit typischen Pflanzen eines Gebietes zu gestalten – die bestenfalls auch in der eigenen Region produziert wurden. So wird die lokale Wertschöpfung gesteigert, die Pflanzen sind an die regionalen Verhältnisse gut angepasst und man kann auch von der Erfahrung der professionellen Gärtnereien profitieren. Diese wissen natürlich am allerbesten Bescheid, welche Pflanzen sich in ihrem Arbeitsumfeld gut für die Gartengestaltung eignen.

Auch die kleinräumigen Verhältnisse direkt im Garten sind zu bedenken: Welche Bereiche sind voll besonnt, welche beschattet? Gibt es geschütztere und warme Bereiche und im Gegensatz dazu vielleicht Senken, in denen sich die Kaltluft sammelt? Wurden oder werden Sonderstandorte wie Trockensteinmauern oder Teiche gestaltet?

Hat man all diese Standortfaktoren bedacht, bleibt meist immer noch eine große Auswahl von Pflanzen, mit denen man seiner gärtnerischen Kreativität freien Lauf lassen kann. Wer sich auf diese Weise entscheidet, von Anfang an mit der Natur Hand in Hand zu arbeiten, den wird auch der strengste Winter kaum aus der gärtnerischen Ruhe bringen.

Vorbereitung auf den Winter

Man könnte sich vorstellen, dass in einem Naturgarten, in dem größter Wert auf standortgerechte Bepflanzung gelegt worden ist, der Winter einfach kommen kann – ohne zusätzliche Vorkehrungen zum Schutz der Gartenlebewesen. Doch bei aller Liebe zur Naturnähe befinden wir uns noch immer in einem Garten, in dem die Vorlieben und die Bedürfnisse der Gärtnerinnen und Gärtner zählen. Und so haben die meisten Gartenfreunde Lust auf Experimente, sammeln gerne Pflanzen, wollen den Garten mit einigen „Exoten" bereichern, die zusätzliche Farben, Düfte oder Früchte liefern. Vielleicht möchte man ja die Blüten- oder Obstsaison verlängern und setzt auf neue „Spezialitäten"? Oder es ist die herrliche neue Terrasse, die mit Kübelpflanzen in einen Entspannungsort mit mediterranem Flair verwandelt werden soll? Warum nicht? Es kommt immer darauf an, wie viel Zeit man diesen besonderen Gartenelementen schenken will und ob man Freude daran hat, sich um diese auch etwas intensiver zu kümmern, wenn der Winter naht. Ein naturnaher Garten bedeutet auch, dass Ideen und Elemente aus der Natur übernommen und nachgestaltet werden. Oft kommen wir den natürlichen Bedingungen dabei sehr nahe. Doch auch hier braucht es die gestaltende und erhaltende Hand

der Gärtnerin und des Gärtners, um die Teiche wintersicher, die Beete gemulcht oder die Nistkästen sauber zu halten.

Was rund um den Garten zu tun ist

Unabhängig von der Lebewelt des Gartens, gilt es mit dem Herannahen des Winters einige Entscheidungen und Vorkehrungen zu treffen. Die Gartenmöbel können beispielsweise langsam eingeräumt oder abgedeckt werden.

Jetzt geht es auch darum zu entscheiden, ob es im nächsten Jahr einen neuen Beet-Standort geben soll. Ist das der Fall, dann bietet sich der nahende Winter an, den Bewuchs und Wurzelunkräuter zu entfernen, den Boden zu lockern und mit Mulch zu bedecken. Hat man sich noch Anfang des Herbstes an diese Arbeit gemacht, ist sogar noch eine Gründüngung möglich.

Wie intensiv man den Boden bearbeiten möchte, ist auch eine wichtige Entscheidung bei den vorhandenen Beeten – z. B. den Gemüse- oder Staudenbeeten. Wie bei der Anlage des neuen Beetes gilt auch hier: Schonender für das Bodenleben und den gewachsenen Bodenaufbau ist es, wenn der Boden nur mit der Grabgabel gelockert und nicht umgestochen wird.

Zottelwicken sind wertvolle Gründüngungspflanzen.

Empfehlenswerte Gründüngungspflanzen für die Herbstaussaat sind die Zottelwicke, der Feldsalat, Spinat, Winter-Roggen oder Dinkel.

Düngen im Herbst?

Da die Pflanzen im Winter ihre Lebensfunktionen auf ein Minimum reduzieren, können sie zugeführte Nährstoffe nicht aufnehmen. Der Saftstrom versiegt, das Wachstum ist eingestellt, und auch die Wasseraufnahme ist erschwert. Eine Düngung im Herbst hat daher zur Folge, dass die Nährstoffe ausgeschwemmt werden und dadurch unser Grundwasser belastet wird. Es ist daher sinnvoller, die Beete und Gehölze mit einer Mulchschicht zu bedecken und mit der Düngung bis zum Frühling zu warten. Das gilt natürlich in erster Linie für chemische Düngemittel, die ohnehin im naturnahen Garten überflüssig sind. Düngen bedeutet im Naturgarten, dass Kompost und andere organische Dünger eingesetzt werden.

Kompost ist natürlich viel mehr als nur eine Ansammlung von Nährstoffen. Er enthält auch eine unbeschreibliche Vielzahl von Lebewesen. Daher kann man, mit einer sehr dünnen Schicht Kompost unter der schützenden winterlichen Mulchschicht, die Belebung des Bodens im Frühjahr beschleunigen. Im „schwarzen Gold" des Gartens befinden sich nämlich Dauerstadien dieser Mikroorganismen, die ihre wichtige Funktion als Bodenlebewesen an Ort und Stelle ausüben können, sobald die Bedingungen dafür stimmen. Freunde von dichten, grasreichen Rasen können im Herbst ihren Rasen vertikutieren, belüften und mit Sand und Kompost bereichern. Es stehen für die Rasendüngung im Herbst auch organische Dünger im Fachhandel zur Verfü-

Es reicht, die Grabgabel in den Boden zu stecken und kräftig am Stiel zu rütteln. Nur bei sehr tonigen Böden kann man ein umfassendes Umgraben empfehlen, um von der lockernden Wirkung der Frostgare profitieren zu können. Eine Gründüngung ist auch auf dem abgeernteten Gemüsebeet auf alle Fälle lohnend.

Gründüngungspflanzen, die im September oder Oktober gesät werden, keimen noch im Herbst. Sie lockern und bedecken den Boden und schützen das Beet so vor dem Aufkommen von Unkräutern, dem Verschlämmen und dem Auswaschen der Nährstoffe. Manche Arten, wie die Zottelwicke, binden über ihre Knöllchenbakterien sogar Stickstoff aus der Luft, der dann für die Kulturpflanzen zur Verfügung steht. Bis Anfang Oktober ist es in manchen Gebieten auch möglich, einfach Feldsalat oder Spinat einzusäen.

©Brocks

Trockenes Herbstlaub ist gutes Mulchmaterial.

gung. Ob es überhaupt im nächsten Jahr notwendig ist, im Garten zu düngen, und in welcher Form, beantwortet eine professionelle Bodenuntersuchung, die im Zuge der herbstlichen Tätigkeiten in Auftrag gegeben werden kann.

Wohin mit dem Laub?

Laub ist ein hervorragendes Mulchmaterial für viele Gartenbereiche. Unter der Hecke und auf den Staudenbeeten kann es belassen bzw. sogar aktiv aufgebracht werden. Am besten ist es, das Laub noch im Herbst zusammen mit dem Rasen zu mähen und so zu zerkleinern. Regenwürmer ziehen das Laub in milden Winterphasen in den Boden und sorgen so für einen hohen Humusgehalt und eine lockere Bodenstruktur. Vom Rasen muss das Laub entfernt werden – überall sonst liefert es den optimalen Winterschutz. Ein Laubhaufen ist auch ein willkommenes Winterquartier für Gartennützlinge wie den Igel oder den Marienkäfer. Für säureliebende Pflanzen kann auch ein eigener Laubkompost angelegt werden. Auf dem eigentlichen Komposthaufen sollte Laub nicht in zu dicken Schichten eingebracht werden. Wie immer macht auch hier die richtige Mischung die gute Qualität des Endproduktes aus.

Mulch und mehr

Als Mulchmaterial stehen neben dem Laub auch noch viele andere organische Stoffe zur Verfügung. Gehäckseltes Schnittgut aus dem eigenen Garten oder getrockneter Rasenschnitt sind ebenfalls sehr gut einsetzbar.

Nutzen Sie die „arbeitsarme" Winterzeit, um Ihr Werkzeug zu warten.

Gehen die eigenen Ressourcen zur Neige, gibt es auch noch jede Menge Alternativen – vom Stroh eines Biobauern bis zu professionellen Anbietern von Mulchmaterial wie z. B. *Miscanthus*-Mulch, Rindenhumus oder Flachsschäben. Die häufig angebotenen Holzhäcksel, Holzfasern und stärker noch der Rindenmulch sind nur eingeschränkt im Naturgarten empfehlenswert. Häufig sind sie mit Pestiziden belastet oder mit chemischen Düngern stabilisiert. Rinden- und Holzmulche verbrauchen bei ihrer Verrottung auch viel Stickstoff, der den Pflanzen fehlt. Im Naturgarten achtet man beim Einsatz also nach Möglichkeit darauf, dass das verwendete Produkt ein Umwelt-Zertifikat trägt und dass es nur bei Gehölzen und am besten auch nur in Kombination mit anderen organischen Düngern verwendet wird.

Zusätzlich zum Boden müssen auch manche Pflanzen vor allzu starkem Frost geschützt werden. Auch hier bieten sich die „Abfälle" des Gartens wie z. B. Laub an. Um Töpfe, Kübel oder einzelne Pflanzen einzupacken, gibt es aber auch noch viele zusätzliche mögliche Materialien wie Vliese, Strohmatten, Jutestoff oder alte Kartoffelsäcke. Auch der Gartenmarkt hat sich auf dieses Thema eingestellt und bietet für den Winterschutz von Töpfen oder Hochstammrosen spezialisierte Produkte an – für all jene, die nicht so gerne improvisieren.

Wenn das Wasser friert

Wenn alle herbstlichen Pflanzarbeiten erledigt sind und der Frost naht, ist es notwendig, alle Gartenschläuche und die Regentonne zu entleeren. Die Wasserleitung für draußen sollte abgedreht und die Leitungen sollten leer sein. Befinden sich im Gartenteich Filter oder Pumpen, ist jetzt auch die Zeit, diese zu entfernen, zu säubern und frostfrei zu lagern. Alle Zu- und Ableitungen müssen leer sein, dann können Schnee und Eis getrost einziehen.

Werkzeuge einwintern

Hochqualitatives Gartenwerkzeug kann eine Investition für das ganze Leben sein. Je vielfältiger die Gartenelemente sind, desto umfangreicher wird oft auch die Sammlung an Werkzeugen und Geräten. Das richtige Werkzeug für die entsprechende Tätigkeit zu haben macht das Garteln einfach schöner, leichter und auch sicherer – wenn die Gerätschaften gut in Schuss sind.

Damit dem so ist, zahlt es sich aus, die Werkzeuge vor dem Winter gut zu reinigen, zu reparieren oder warten zu lassen. Metallteile können eingeölt werden – so schützt man sie vor dem Rosten. Auf diese Weise werden Kosten gespart und auch Zeit, die wir uns im Frühling sicher nicht nehmen wollen, wenn wir es nicht mehr erwarten können loszugärtnern.

Schutz vor Streusalz

Dass im eigenen Garten kein Streusalz eingesetzt wird, sollte selbstverständlich sein. Doch Straßenbäume und Grundstücke, die an öffentliche Verkehrswege grenzen, können vom winterlichen Salzeinsatz stark belastet werden. Die hohe Salzkonzentration verändert die Bodenchemie und somit die Qualität der Wasser- und Nährstoffaufnahme für die Pflanzen. Die Bodenbelüftung und das Bodenleben werden beeinträchtigt. Die Folge sind Blätter, die vom Rand her braun werden und sich einrollen. Im schlimmsten Fall sterben die Pflanzen sogar ab. Schutz bietet nur eine größtmögliche Abschottung gegen den Matsch von der Straße bzw. eine Bodenabdeckung mit Folien oder Karton, um zu verhindern, dass das salzreiche Wasser in den Boden eindringt. Auch eine Gestaltung mit salzverträglichen Gehölzen, wie Feld-Ahorn, Sanddorn, Schneebeere, Schwarzer Holunder oder dem Wolligen Schneeball, kann gegebenenfalls die Auswirkungen verringern.

Die beste Zeit zur Gartenplanung

Ist das Einwintern dann tatsächlich abgeschlossen, sind die Kübelpflanzen im Winterquartier und alle Gerätschaften gut versorgt, dann beginnt für viele Gartenfreunde bereits das Nachdenken über die nächste Gartensaison. Wie schön ist es doch, alle Nutzerinnen und Nutzer des Gartens zusammenzuholen, um Wünsche, Ideen und Vorschläge zu diskutieren. Welches Obst und Gemüse wünschen wir uns? Wie würde dann eine gute Mischkultur aussehen? Sollen Gartenbereiche umgestaltet werden? Ist ein neues Gartenelement geplant? So werden Bücher, Websites und Zeitschriften durchforstet, Foren und Beratungsstellen konsultiert, wird in Sortenlisten und Katalogen geschmökert.

©Brocks

Die Schneebeere ist salzverträglich und daher für eine straßennahe Pflanzung geeignet.

Die Naturgarten-elemente im Winter

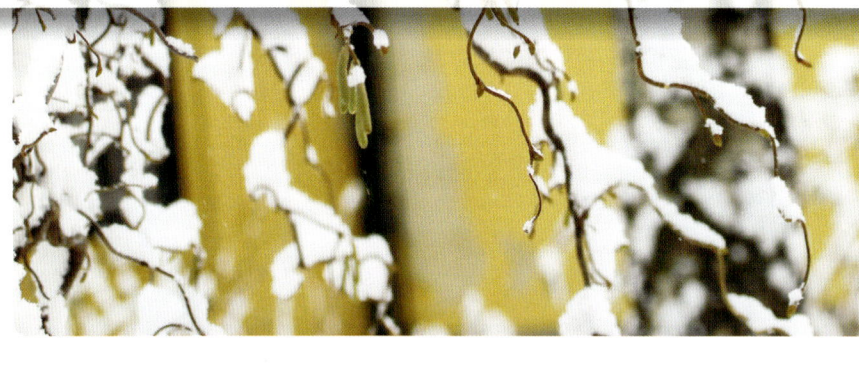

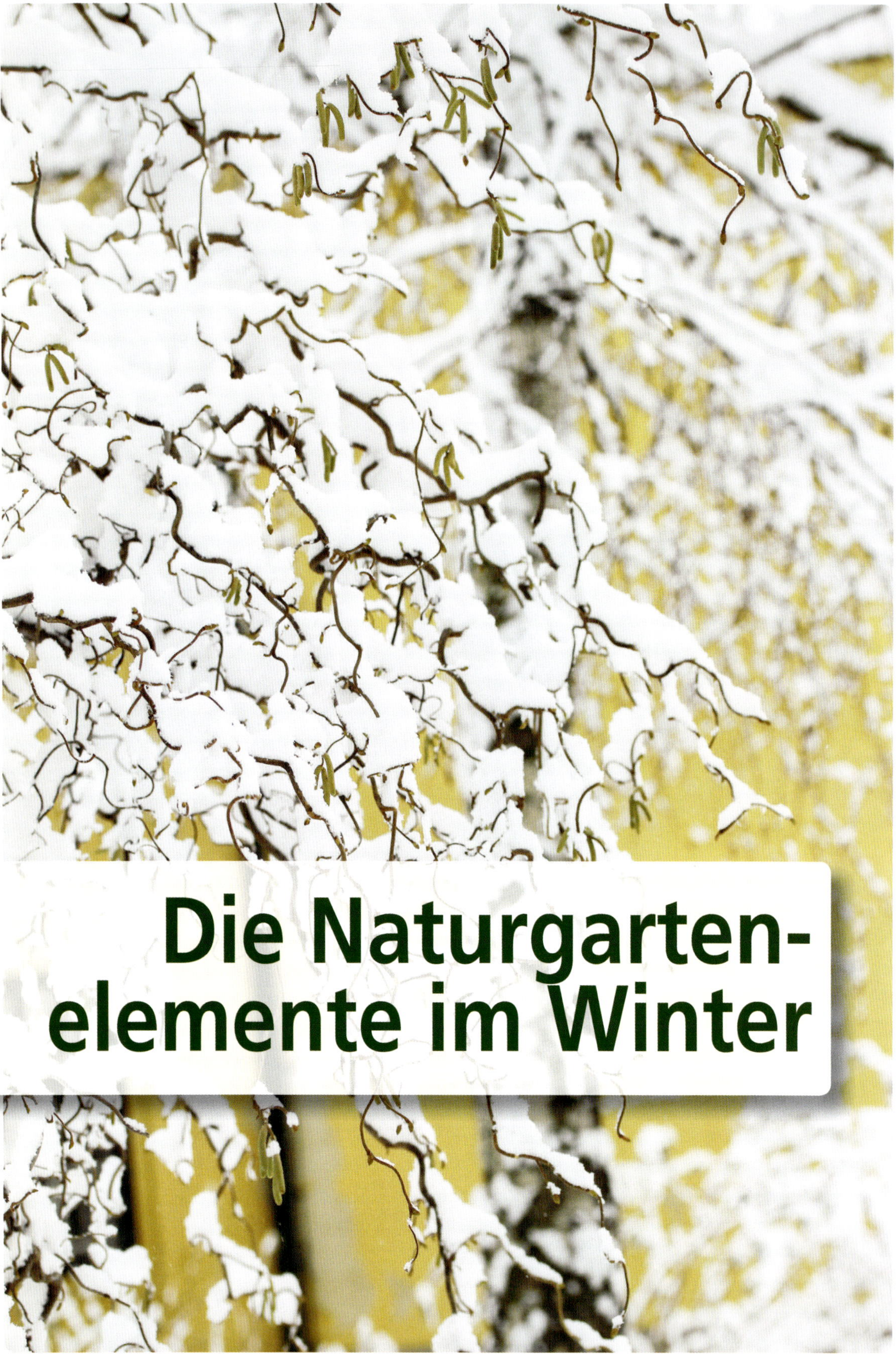

©Brocks

Neue Ideen für den schneebedeckten Naturgarten sind wundervoll – sie brauchen aber auch die richtigen Standorte, Überwinterungs- und Lagerungsmöglichkeiten. Wer die kalte Jahreszeit schon bei der Planung mit berücksichtigt, kann seinen Garten mit bunten, strukturreichen, blühenden und duftenden Schätzen bereichern. Wer sich dazu Anregungen holen will, gönnt sich einen winterlichen Besuch in einem Schaugarten, Park oder botanischen Garten. Ein Gartenjahr will eben voll ausgekostet sein, und daher erleben wir auch den Winter im Garten als eine wunderschöne und genussreiche Zeit. Bei winterlichen Gartenfesten, bei gemütlichen Stunden am Fenster und im Wintergarten oder bei regelmäßigen Rundgängen – der Garten hat im Winter viel zu bieten. Um das Zusammenspiel von Gestaltung, Lebewelt und der lustvollen Nutzung durch Gartenfreunde beschreiben zu können, reichen technisch klingende, eindimensionale Bezeichnungen wie „Gehölze", „Stauden" oder „Rasen" nicht aus. Im naturnahen Garten reden wir von „Naturgartenelementen" – von kleinen Ökosystemen und Lebensräumen, die ganz spezielle Funktionen im Garten übernehmen.

Ein Naturgarten kann die unterschiedlichsten Naturgartenelemente beherbergen. An den passenden Standorten gibt es naturnahe Gartenräume, die die Bedürfnisse der Nutzerinnen und Nutzer widerspiegeln. Blütenvielfalt, Sichtschutz, Wilde Ecken, Nützlingsquartiere, Kletterbäume, Beerensträucher, Obst, Kräuter und Gemüse – viel Gelassenheit und ein wenig Wildheit sind gefragt. Das Besondere am Naturgarten ist, dass die Gestaltung der Gartenräume auch die wild lebenden Tiere und Pflanzen mit betrachtet. So wird aus dem Garten ein Lebensraum, in dem sich ein ökologisches Gleichgewicht einstellen kann.

In so manchen Regionen Österreichs und Deutschlands kann man für seinen Naturgarten sogar ausgezeichnet werden. Wenn die Kernkriterien eines Naturgartens eingehalten werden, indem die Gestaltung und Pflege ohne Gifte, Torf und chemische Dünger passiert, und wenn eine bestimmte Anzahl von Naturgartenelementen vorhanden ist, dann ist die Verleihung einer „Natur im Garten"-Plakette möglich. Die Adressen der verantwortlichen Institutionen sind auf S. 91 zu finden.

©Brocks

Raureif verwandelt den Garten in ein Wintermärchen.

Die Grundsätze des Naturgartens gelten natürlich auch im Winter. Die Gärten und Grünräume sind mit heimischen und ökologisch wertvollen Pflanzen gestaltet, die für den jeweiligen Standort gut angepasst sind. Am besten stammen die Pflanzen aus der eigenen Region. Wenn nötig, bedient sich die Pflege ökologischer Mittel für Düngung und Pflanzenschutz; auf Torf wird komplett verzichtet.

Auf den folgenden Seiten werden die einzelnen Naturgartenelemente genauer betrachtet:

Wie wird es am nachhaltigsten und standortgerechtesten gestaltet? Welche Winterarbeiten können anfallen? Wie schützt man das Element am besten im Winter? Wie kann man es auch in der kalten Jahreszeit erleben oder sogar nutzen? Oder kann man die Gestaltung des Elementes für die Winterzeit sogar noch optimieren und schöner, bunter, ja sogar blühender, lebendiger und fruchtender machen? Machen wir uns auf die Reise durch den winterlichen Naturgarten.

Die Wildstrauchhecke

Die Wildstrauchhecke begeistert durch ihre Vielfalt an Arten und Strukturen. Wer genug Platz für sie zur Verfügung hat, kann sich das ganze Jahr über an verschiedenen Blühzeiten, Früchten, Blatt- und Rindenfärbungen der heimischen Gehölze erfreuen. Besonders wertvoll für den Naturgarten wird dieses Naturgartenelement dadurch, dass es auch Lebensraum und Nahrung für eine Vielzahl von Tieren bietet. Auch Hecken, die in Form geschnitten werden, können aus heimischen Arten bestehen. Klassiker wie Gewöhnlicher Liguster (*Ligustrum vulgare*), Hainbuche (*Carpinus betulus*), Rot-Buche (*Fagus sylvatica*), Feld-Ahorn (*Acer campestre*) oder die Europäische Eibe (*Taxus baccata*) sind dafür sehr beliebt. Für manche überraschend: Auch der früh blühende Dirndlstrauch (*Cornus mas*) eignet sich gut für Schnitthecken. Immergrüne heimische Arten wie Liguster oder die Eibe bieten natürlich auch guten Sichtschutz im Winter. Doch auch die Hainbuche behält ihre Blätter, wenn auch vertrocknet, bis ins Frühjahr und schützt ebenfalls vor unerwünschten Blicken.

Vorbereitung auf den Winter

Wildstrauchhecken benötigen im Normalfall keine speziellen Vorkehrungen für den Winter. Eine Mulchschicht aus Laub und ein Verbissschutz mit einem Hasengitter, einer Kunststoffmanschette oder einer Schilfmatte für gefährdete Pflanzen reichen aus. Nur wenn man die Hecke „auf Stock setzen" will – das bedeutet, dass die Sträucher zur gleichmäßigen Verjüngung knapp über dem Boden abgeschnitten werden –, hat man in der Zeit nach dem Laubfall einiges zu tun. Diese Arbeit sollte entweder im November oder im Spätwinter, kurz vor dem Austrieb, erfolgen. Normalerweise reichen allerdings ein Auslichten oder selektive Schnittmaßnahmen zur Formgebung.

Um die Vogelwelt im Winter optimal versorgen zu können, sollten jedenfalls möglichst viele Früchte erhalten bleiben.

©Brocks

Rote Beeren im Schnee – nicht nur für Menschen attraktiv.

Schlehen sind erst nach den ersten Frösten genießbar.

Die Winterhärte der Pflanzen steigt mit ihrer Abhärtung – mit dem langsamen Gewöhnen an die kälteren Temperaturen und mit ihrem Lebensalter. Sollten die Pflanzen der Hecke also erst im Herbst gesetzt worden sein, kann ein Winterschutz mit Jute, Fichtenästen oder Strohmatten sinnvoll sein. Sind in die Wildstrauchhecke auch Beerensträucher wie Ribisel/Johannisbeeren integriert, dann entfernt man von roten und weißen Sorten im Januar die alten Triebe.

Auch im Winter müssen wintergrüne Arten an frostfreien Tagen gegossen werden; eine Beschattung schützt sie vor Austrocknung. Wenn große Schneemengen auf den Ästen der Sträucher lasten, sollten diese regelmäßig heruntergeschüttelt werden.

Die Wildstrauchhecke genießen

Die ersten Fröste läuten für manche Arten der Wildstrauchhecke sogar die Erntezeit ein. Manche Wildfrüchte werden dadurch erst genießbar und zum Naschen oder Weiterverarbeiten geeignet. Eine Vertreterin dieser Gruppe ist die Mispel (*Mespilus germanica*), die als „Alte Sorte" wieder beliebt geworden ist. Hagebutten (*Rosa* spp.) oder Schlehen (*Prunus spinosa*) liefern jetzt die Grundlage für köstliche Marmeladen, Kompotte, Chutneys, Liköre, Säfte oder vitaminhaltige Tees. Viele der für uns nutzbaren Winterfrüchte sind natürlich auch für tierische Gäste attraktiv - Früchte können mit Kulturschutznetzen „reserviert" werden.

Wildstrauchhecken-Arten, die für das winterliche Nasch- und Verarbeitungsvergnügen der Gärtnerinnen und Gärtner geeignet sind:

Art	Fruchtreife	Beispiele für Nutzungsmöglichkeiten nach den ersten Frösten
Apfelbeere (*Aronia melanocarpa*)	Spätsommer bis Winter	Haupternte im Sommer, hängengelassene Beeren werden nach dem Frost süßer; für Marmeladen, Trocknung, Säfte, Kompott
Berberitze (*Berberis vulgaris*)	Herbst bis Winter	Frischgenuss nach Frost, Verwendung in der Küche, Marmelade, Kompott
Hunds-Rose (*Rosa canina*)	Herbst	Marmelade, Tee, Mus, Brand
Mispel (*Mespilus germanica*)	Spätherbst	Frischgenuss, Kompott, Marmelade, Gelee, Saft, Mus, Kuchen, Likör
Sanddorn (*Hippophae rhamnoides*)	Herbst	Saft, Marmelade, Gelee, Likör, Öl, Kosmetik
Schlehe (*Prunus spinosa*)	Herbst	Frischgenuss, Marmelade, Gelee, Saft, Chutney, Likör, Brand
Vogelbeere (*Sorbus aucuparia*)	Sommer bis Winter	Manche Sorten nach Frost frisch essbar; für Brand, auch Säfte und Marmeladen möglich
Weißdorn (*Crataegus* spp.)	Herbst bis Winter	Tee, Mus, Zutat zu Marmeladen, Volksmedizin

©Brocks

Der vitaminreiche Sanddorn bietet erstaunlich viele Nutzungsmöglichkeiten.

Viele Wildsträucher, wie der Gemeine Schneeball, wirken auch im Winter durch ihren Fruchtschmuck zierend.

Die Wildstrauchhecke als Winterparadies für Vögel

Im Naturgarten sieht eine Winterfütterung für Vögel optimalerweise so aus, dass schon aufgrund der vielfältigen Gartengestaltung genug Früchte und Samen zur Unterstützung unserer gefiederten Freunde vorhanden sind. Alle Früchte von Pflanzen, die nach den ersten Frösten auf eine späte Ernte warten, sind auch für Vögel interessant. Andere Arten sind jedoch auch für Vögel äußerst wertvoll, obwohl sie für Menschen ungenießbar oder sogar giftig sind. Diese Vielfalt bereichert die Hecke und macht sie zum echten Lebensraum. Statt giftige Pflanzen zu ächten und aus dem Garten zu verbannen, ist es mit Sicherheit sinnvoller, sich mit den Eigenschaften der eingesetzten Pflanzen zu beschäftigen. Kinder, die mit diesem Wissen aufwachsen, können mit ihrer Umwelt auch dann richtig umgehen, wenn sie das geschützte Umfeld des Hausgartens verlassen.

Vögel wie Amsel, Rotdrossel, Star, Gimpel, Rotkehlchen, Blaumeise, Haussperling, Buchfink, Grünfink, aber auch seltenere Besucher wie die Wacholderdrossel, Heckenbraunelle oder der Seidenschwanz lieben die Früchte der Wildsträucher. Nicht zu vergessen sind natürlich auch Samen und Nüsse von den Sträuchern der Wildstrauchhecke, die von vielen genannten Vogelarten ebenfalls geschätzt werden, zusätzlich auch von Kohlmeise, Stieglitz, Kleiber oder Kernbeißer.

Ergänzend zu den oben genannten Gehölzen bieten folgende Arten natürliches Winterfutter: Roter Hartriegel (*Cornus sanguinea*), Pfaffenhütchen (*Euonymus europaeus*), Stechpalme (*Ilex aquifolium*), Feuerdorn-Sorten (*Pyracantha coccinea*), Eibe (*Taxus baccata*), Gemeiner und Wolliger Schneeball (*Viburnum opulus* und *V. lantana*), Wildrosen (*Rosa* spp.), Schwarzer und Roter Holunder (*Sambucus nigra* und *S. racemosa*), Liguster (*Ligustrum vulgare*), Kreuzdorn (*Rhamnus cathartica*), Schneebeere (*Symphoricarpos* spp.), Schönfrucht-Arten (*Callicarpa* spp.); Samen der Hainbuche (*Carpinus betulus*), Haselnuss (*Corylus avellana*) oder von Ahorn-Arten (*Acer* spp.).

Der Übergang zwischen den Gartenelementen ist gerade im naturnahen Garten oft fließend und eine Abgrenzung untereinander nicht so scharf. Hecken, Gehölzgruppen und Beerensträucher sowie Laub- und Obstbäume werden gerne kombiniert, Gestaltungsräume durchmischen sich. Zier- und Beerensträucher ergänzen auch die Wildstrauchhecke wunderbar – besonders, wenn die Gestaltung auch auf die Attraktivität im Winter hin verfeinert werden soll. Beginnen wir das Kapitel zum Naturgartenelement

"Laubbäume" also mit Gehölzen, die im Winter Besonderes leisten.

Winterliche Schönheiten unter den Gehölzen

Der winterliche Garten eröffnet uns bei Gehölzen noch eine zusätzliche Dimension. Wer in der Arten-Komposition seiner Hecke oder einer Gehölzgruppe standortgerechte Pflanzen aus ferneren Ländern zulässt, kann sich auch im Winter an herrlichen Blüten, Düften und Rindenfarben erfreuen.

Wir wollen uns einige Vertreter dieser Gruppen genauer ansehen.

©Brocks

Wie alle Singvögel freuen sich auch Amseln über ein reiches Angebot an Wildobst.

©Brocks

Japanische Mahonie
(*Mahonia media* 'Winter Sun')
Pflanzenfamilie: Sauerdorngewächse
Herkunft: Asien
Standort: auch für schattige, trockenere Bereiche, nicht sonnig und heiß, windgeschützt
Wuchs: immergrüner Strauch, bestachelte Blätter, bis 1,5 m hoch, leicht giftige Beerenfrüchte
Pflege: anspruchslos, möglichst nicht schneiden
Besonderheit im Winter: gelbe Blüten von Dezember bis März

©Brocks

Winterblüte
(*Chimonanthus praecox*)
Pflanzenfamilie: Gewürzstrauchgewächse
Herkunft: Asien
Standort: warme, geschützte Standorte
Wuchs: leicht sparrig, bis 3 m hoch und 2 m breit
Pflege: anspruchslos an Boden, Schnitt nach der Blüte
Besonderheit im Winter: duftende gelb-violette Blüten ab Januar/Februar

©Brocks

Winter-Duftschneeball
(*Viburnum farreri* oder *V. bodnantense*)
Pflanzenfamilie: Schneeballgewächse/ Moschuskrautgewächse
Herkunft: Asien
Standort: wärmeliebend, geschützt, sonnig bis absonnig, mäßig trocken bis frisch
Wuchs: aufrecht wachsender Strauch, bis 4 m hoch und 3 m breit
Pflege: anspruchslos, Auslichten nach der Blüte
Besonderheit im Winter: duftende weißrosa Blüten; je nach Art November bis März

©Brocks

Winter-Heckenkirsche/Frühlingsgeißblatt

(*Lonicera x purpusii* oder *L. fragrantissima*)
Pflanzenfamilie: Geißblattgewächse
Herkunft: China
Standort: normaler Gartenboden,
sonnig bis halbschattig
Wuchs: breit wachsend, bis 2 m hoch und
3 m breit, wenn geschützt immergrün
Pflege: anspruchslos, Auslichtungsschnitt nach Blü-
te, Ausschneiden der ältesten Triebe bei Vergreisung
Besonderheit im Winter: nach Zitronen
duftende Blüten ab Dezember

©Brocks

Winterjasmin

(*Jasminum nudiflorum*)
Pflanzenfamilie: Ölbaumgewächse
Herkunft: China
Standort: normaler Gartenboden,
geschützt, sonnig bis halbschattig
Wuchs: klimmend oder bogig überhängend
mit grünen Achsen
Pflege: anspruchslos, Schnitt nach Blüte möglich
Besonderheit im Winter: gelbe Blüten
ab Dezember

©Brocks

Zaubernuss

(*Hamamelis* spp.)
Pflanzenfamilie: Zaubernussgewächse
Herkunft: aus Ostasien und Nordamerika
Standort: humos, feucht, kalkfrei, sonnig
bis lichter Schatten, windgeschützt
Wuchs: ausladend, trichterförmig, langsam
wachsend – daher als Solitär verwendet
Pflege: anspruchslos, sehr winterhart,
höchstens Auslichtungsschnitt, keine
Radikalschnitte
Besonderheit im Winter: wunderschöne
gelbe, orange oder rote Blüten ab Januar

Die ungewöhnlich geformten Zweige der Drehweide gehören zu den Attraktionen im winterlichen Garten.

Gehölze mit schönen Rinden und Wuchsformen

Artname, Sorte	Standort	Wuchs/Höhe/Breite	Pflege/Nutzen
Blutroter Hartriegel (*Cornus sanguinea*)	Anspruchslos, sonnig bis halbschattig	Strauch, bis 4 m hoch und 4 m breit	Schnitt immer möglich außer bei Frost; heimisch, Fruchtschmuck
Davids-Ahorn (*Acer davidii*)	Keine zu kalkreichen Böden, feucht, nährstoffreich, sonnig bis halbschattig; als Baum für große Gärten	Als Strauch gezogen bis 5 m hoch und 5 m breit, als Baum bis 15 m hoch	Schöne Herbstfärbung
Drehweide (*Salix* 'Erythroflexuosa')	Anspruchslos, sonnig bis halbschattig, nicht zu trocken	Baum bis 4 m hoch und 3 m breit	Gestecke
Gelbholziger Hartriegel (*Cornus sericea* 'Flaviramea')	Anspruchslos, sonnig bis halbschattig, hitzeverträglich, nicht zu trocken	Strauch, breit wachsend, bis 3 m hoch und 3 m breit	Kann regelmäßig bis zum Grund geschnitten werden
Korkenzieherhasel (*Corylus avellana* 'Contorta')	Anspruchslos, sonnig bis schattig, gern nährstoffreicher Boden	Strauch bis 4 m hoch und 4 m breit	Bienenweide, essbare Früchte (Haselnüsse), Gestecke
Korkflügelstrauch (*Euonymus alatus*)	Robust, anspruchslos, sonnig bis schattig	Strauch bis 3 m hoch und 3 m breit, auch kleinere Sorten	Schöne Herbstfärbung
Sibirischer Hartriegel (*Cornus alba* 'Sibirica')	Anspruchslos, sonnig bis halbschattig	Strauch bis 3 m hoch und 2 m breit	Beerenschmuck; Schnitt im März möglich
Zimt-Ahorn (*Acer griseum*)	Sonnig, Boden frisch bis trocken, nicht zu heiß	Kleinbaum, bis 7 m hoch und 5 m breit	Schöne Herbstfärbung, möglichst wenig schneiden

Laubbäume und Gehölze auf den Winter vorbereiten

Wie bei den Gehölzen der Wildstrauchhecke gilt auch bei Laub- und den später folgenden Obstbäumen: Pflanzen, die noch jung sind oder erst im Herbst gesetzt wurden, freuen sich über eine schützende Mulchschicht und gegebenenfalls einen Schutz durch Jute oder Strohmatten. In ländlichen Gegenden ist ein Verbissschutz anzuraten. Immergrüne müssen in frostfreien Phasen gegossen und belastender Schnee muss abgeschüttelt werden. Um Gehölze vor Frostrissen zu bewahren, hilft ein weißer Schutzanstrich. Sollte die Gestaltung mit nicht heimischen Gehölzen ergänzt sein, fragt man am besten in einer nahen Baumschule, ob diese einen besonders geschützten Standort oder sogar einen speziellen Winterschutz benötigen.

Leicht frostempfindlich und daher in kühleren Gegenden zu schützen sind z. B. manche Hortensien-Arten (*Hydrangea* spp.), Abelien (*Abelia* spp.), Bartblume (*Caryopteris clandonensis*), Säckelblume (*Ceanothus* spp.), Blauraute (*Perovskia atriplicifolia*), Schönfrucht (*Callicarpa* spp.), Sommerflieder (*Buddleja* spp.), Winterblüte (*Chimonanthus praecox*), Japanischer Fächer-Ahorn (*Acer palmatum* und *A. japonicum*-Sorten), Seidenbaum (*Albizia julibrissin*), Aukube (*Aucuba japonica*), Gewürzstrauch (*Calycanthus floridus*), Judasbaum (*Cercis siliquastrum*), Orangenblüte (*Choisya* sp.), Perückenstrauch (*Cotinus coggygria*), Feige (*Ficus carica*), Freiland-Fuchsien (*Fuchsia magellanica*-Sorten), Edel-Ginster (*Cytisus scoparius*-Sorten), manche Eichen-Arten (*Quercus* spp.), Tamariske (*Tamarix* spp.) oder Mönchspfeffer (*Vitex agnus-castus*).

In kühleren Regionen mit sauren Böden, wo säureliebende Pflanzen standortgerecht sind, sollten auch manche Kalmien (*Kalmia* spp.) oder Rhododendren (*Rhododendron* spp.) vor strengem Frost geschützt werden. Weniger aufwendig gestaltet sich die Gartenpflege wie immer, wenn man die empfindlichen Arten nur in milden Gegenden oder an sehr geschützten Standorten pflanzt.

Rosen im Winter

Rosen sind bis weit in den Winter eine echte Zierde im Garten – besonders natürlich die Wildrosen und ungefüllten Sorten, die Hagebutten in den verschiedensten Formen und Farben ausbilden. Viele moderne, robuste Rosensorten blühen so lange, bis Frost und Schnee sie bedecken – ein herrliches Bild im winterlichen Garten.

©Brocks

Laub schützt den Wurzelbereich vor tiefem Frost.

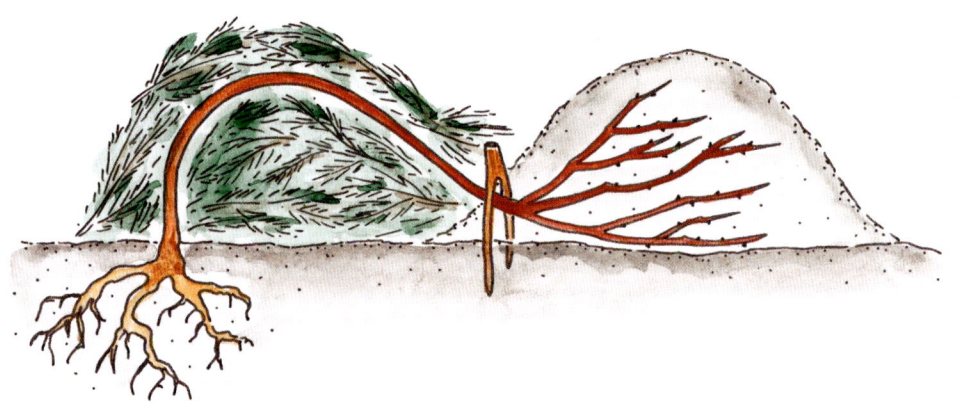

Junge Hochstammrosen werden vorsichtig zu Boden gebogen, fixiert, mit Reisig und Mulchmaterial frostsicher bedeckt.

Die Schnittarbeiten bei den Rosen können noch einige Zeit warten – die erfolgen im Frühling, wenn die Forsythien blühen. Es ist auch wichtig, dass die Rosen im Herbst nicht mehr gedüngt werden, da sie ansonsten schlecht ausreifen und weniger frostresistent sind. Eine kräftige Portion Kompost gibt es für die neue Wachstumsperiode ebenfalls im Frühling. Dass sie ansonsten sicher durch den Winter kommen, können wir mit ein paar wenigen Handgriffen bewerkstelligen:

Zum Schutz der Veredelungsstellen werden Beetrosen mit Gartenerde angehäufelt. Dieser kleine Erdhaufen kann auch noch mit Laubmulch und Fichtenästen bedeckt werden. Die Stämme junger Hochstammrosen werden vorsichtig umgebogen und am Boden mit einem Haken fixiert. Die Kronen mit den empfindlichen Veredelungsstellen werden dort mit Erde und Mulchmaterial bedeckt. Die Kronen älterer Hochstammrosen, deren Stämme nicht mehr so biegsam sind, werden mit Jutesäcken geschützt.

Empfindliche Kletterrosen sollten auch angehäufelt werden und können dann mit Jute oder Schilfmatten verhüllt oder mit Fichtenästen verschnürt werden.

Rosen im Topf können im Garten eingegraben oder gut verpackt und auf eine Styroporplatte gestellt werden.

Kleinstrauch- und Bodendeckerrosen schaffen den Winter auch ohne unsere Hilfe.

Laubbäume als Winterquartiere

Alte Laubbäume mit Baumhöhlen sind ein besonderer Schatz im naturnahen Garten. Dort, wo einmal ein Ast abgebrochen ist oder sich ein Specht eine Höhle gebaut hat, gibt es perfekte Überwinterungsplätze für Gartentiere. Eichhörnchen, Siebenschläfer, Gartenschläfer und Haselmaus finden hier genauso einen Schlafplatz wie seltene und gern gesehene Nützlinge wie beispielsweise Fledermäuse oder Wildbienen. Das gilt natürlich auch für alte Obstbäume, die zusätzlich auch noch so manche übrig gebliebene Frucht für die heimische Tierwelt zu bieten haben. Naturgärtnerinnen und Naturgärtner sind bei solch wertvollen Orten bei winterlichen Schnittmaßnahmen natürlich besonders vorsichtig und rücksichtsvoll.

Der Obstgarten

Zu den bereits erwähnten allgemeinen Schutzmaßnahmen für Gehölze kommen bei den Obstbäumen noch einige Besonderheiten hinzu. Auch wenn die meisten Gärtnerinnen und Gärtner nicht von einer hohen und gleichmäßigen Obsternte abhängig sind, freut man sich doch über gesunde und schöne Früchte, die man frisch aus dem Garten ernten oder einlagern kann. Um die Obstbäume längerfristig gesund und produktiv zu halten, lohnt es sich, die Bäume regelmäßig und fachgerecht zu schneiden. Auch ein ökologischer und vorbeugender Pflanzenschutz sorgt dafür, dass es nachhaltig gesunde Früchte gibt.

Während viele Tiere im Winter eine Ruhephase einlegen, ist das leider bei den Wühlmäusen nicht der Fall. Besonders in gefährdeten Regionen sollten daher Gehölze und vor allem Obstbäume in Drahtkörbe gesetzt werden. Das gilt übrigens auch für Zwiebelpflanzen. Wühlmauskörbe bestehen aus verzinktem Maschendraht und werden bereits als fertiges Produkt im Gartenfachhandel angeboten.

Die Borken der Bäume können abgebürstet werden, um überwinternde Larven und Eier zu entfernen. Das Laub von Obstbäumen sollte kompostiert und Fruchtmumien sollten entweder im Inneren des Komposthaufens heiß kompostiert oder noch besser im Restmüll entsorgt werden. So verhindert man, dass sich Krankheiten ausbreiten.

©Brocks

Das Entfernen von Fruchtmumien verringert den neuen Befall der Früchte.

Baumhöhlen sind wertvolle Überwinterungsplätze für Tiere.

Winterschutz im Obstgarten

Baumanstrich gegen Frostrisse
Eine Gefahr – besonders für jung ausgepflanzte Bäume – stellen Frostrisse dar. Dazu kommt es an sonnigen Wintertagen, wenn der Saftstrom in den Bäumen frühzeitig einsetzt und der Stamm einseitig erwärmt wird. Die Ausdehnung durch die unterschiedliche Temperatur erzeugt eine Spannung in der Rinde, die im schlimmsten Fall zum Reißen führt. Um Frostrisse zu vermeiden, werden Baumstämme mit einem weißen Kalkanstrich versehen. Die weiße Farbe reflektiert das Sonnenlicht und verhindert so, dass sich die Borke erwärmt. Einen solchen Baumanstrich kann man fertig kaufen oder selbst herstellen (siehe Kasten). Natürlich verhindert auch eine Beschattung durch ein Brett oder eine Schilfmatte die einseitige Erwärmung. Der Anstrich hat aber noch zusätzlich den Vorteil, dass Eier von Schädlingen und Pilzsporen überdeckt und abgetötet werden.

Stammanstrich

10 Liter Wasser mit ca. 1,5 Kilo gelöschtem Kalk oder Algenkalkpulver anrühren, bis eine sämige weiße Flüssigkeit entsteht. Dem Anstrich kann noch Lehm aus dem Garten bzw. Tonmehl aus dem Gartenfachhandel, Urgesteinsmehl und Kuhdung hinzugefügt werden. Besonders effektiv ist der Anstrich, wenn er mit einem pflanzenstärkenden Schachtelhalmtee gemacht wird. Für 10 Liter eines solchen Tees werden ca. 1 Kilo frisches oder 150 Gramm getrocknetes Kraut in Wasser angesetzt, 24 Stunden stehen gelassen und danach 30 Minuten gekocht. Für den Baumanstrich wird der Schachtelhalmtee unverdünnt verwendet.

Leimringe gegen Frostspanner

Als Frostspanner bezeichnet man mehrere Schmetterlingsarten, die sich im Mai/Juni als Raupen aus den Baumkronen „abseilen" und im Boden verpuppen. Im Oktober kriechen die ungeflügelten Weibchen der Tiere den Stamm nach oben und legen die Eier in den Baumkronen ab. Die im Frühjahr schlüpfenden Raupen fressen unregelmäßige Löcher in die Blätter und können die Pflanzen sehr schwächen. Leimringe, die auch anwendungsfertig im Gartenfachhandel erhältlich sind, werden bis spätestens Ende September in Bodennähe angebracht. Sie verhindern, dass die Tiere zur Eiablage in die Baumkronen gelangen. Am besten bringt man an allen Bäumen die Leimringe an, auch an den Stützpfählen. Da die Weibchen der Frostspanner ihre Eier dann oft unterhalb der Leimringe ablegen, ist es günstig, den Stamm nach der Abnahme der Leimringe im Frühling abzubürsten.

Die Baumscheibe

Als Baumscheibe bezeichnet man den kreisförmigen Bereich des Bodens rund um den Stamm im Durchmesser der Krone der Obstbäume. Diese sollten in den ersten Jahren nach der Pflanzung von Vegetation frei gehalten werden, um Konkurrenz um Wasser und Nährstoffe zu verhindern. Zum Winterschutz ist auch hier eine Mulchdecke z. B. aus Laub, Grasschnitt oder Stroh sinnvoll. War der Baum mit Schädlingen oder Krankheiten belastet, sollte man jedoch nicht das Laub des Obstbaumes dazu verwenden. Mulchdecken sind natürlich auch Tummelplatz für Nager wie die Wühlmaus – daher in gefährdeten Regionen besser alle Obstgehölze in Wühlmauskörbe pflanzen. Die isolierende Wirkung der Mulchschicht verhindert im Frühling aber auch die Erwärmung und Abstrahlung des Bodens. Daher wird die Decke am besten im März entfernt. Eine Düngung mit Kompost erfolgt erst im Frühjahr.

Edelreis schneiden

Einen sehr schönen Trend zur Förderung der biologischen Vielfalt erleben wir in den letzten Jahren im Bereich der Obst- und Gemüsesorten. Gärtnerinnen und Gärtner haben Spaß daran, verschiedenste Obstsorten in ihre Gärten zu holen. Der vorhandene Standort, der persönliche Geschmack, ein spezieller Nutzungswunsch oder einfach Nostalgie geben heute oft den Ausschlag dafür, welche Sorte gepflanzt wird.

©Brocks

Leimringe gehören zu den effektivsten Maßnahmen gegen Frostspanner.

Wer Lust darauf hat, eine spezielle Sorte von Bekannten auf seinen Obstbaum zu veredeln oder eine solche aus dem eigenen Garten zu retten, weil der Baum gefällt werden muss, kann im Winter die Veredelungstriebe – die Edelreiser – schneiden. In der Winterruhe, normalerweise von November bis Januar, werden dazu etwa bleistiftdicke dies- bzw. letztjährige Triebe abgeschnitten. Der optimale Zeitpunkt dafür ist ein frostfreier Tag. Die Triebe sollten gut besonnt gewesen und völlig gesund sein. Die Edelreiser sind dann ca. 50 Zentimeter lang, werden in Zeitungspapier gewickelt, befeuchtet und dunkel und kühl gelagert, am besten bei ca. 0 bis 5 °C und 90 Prozent Luftfeuchtigkeit.

Die Sorte 'Bohnapfel' ist besonders gut lagerbar.

©Brocks

Dazu kann man die beschrifteten Reiser im Keller in feuchten Sand stecken.

Um im Frühling die Veredelung selbst durchführen zu können, zahlt es sich aus, einen entsprechenden Kurs zu besuchen – oder man vertraut die Edelreiser einer Baumschule an, die diese auf eine passende Unterlage oder auf einen Baum im eigenen Garten veredeln können.

Obst aus dem Garten im Winter genießen

Mit dem Trend zur Sortenvielfalt kommt auch die Lust, Obst im Winter auf verschiedenste Weise zu genießen. Gedörrte Früchte, Kompotte, Marmeladen, Chutneys oder Säfte herzustellen ist wieder modern – nicht unbedingt zur Totalversorgung für den ganzen Winter, aber als einzigartige Produkte aus dem eigenen Garten. Um Obst in den Wintermonaten auch frisch genießen zu können, müssen zwei Voraussetzungen bedacht werden: das Lagern des Obstes und die richtige Wahl der Sorte. Klassischerweise werden bei uns Äpfel und Birnen eingelagert.

Die richtige Sorte

Nicht alle Apfel- und Birnensorten sind zur Lagerung geeignet. Die unglaubliche Vielfalt an Obstsorten ermöglicht es aber, für die verschiedensten Bedürfnisse die richtige Sorte zu finden. Manche reifen früh und werden frisch genossen, andere sind für eine spezielle Verwendung wie Saft- oder Mosterzeugung, zum Brennen oder Dörren selektiert worden. Wieder andere Sorten reifen sehr spät und werden erst nach einer bestimmten Lagerzeit genussreif – optimal also für das Genießen des naturnahen Gartens im Winter.

Weitere für die Winterlagerung empfehlenswerte Apfelsorten:

Sortenname/ zusätzliche Namen	Erntezeit/Fruchtreife	Genussreif/ lagerfähig bis	Besonderheiten
'Ananas Renette'/ 'Ananasrenette'	Ende Oktober	November bis März	Auch für kleine Baumformen, guter Tafelapfel; nicht im rauen Klima
'Batullenapfel'	Oktober	Oktober bis Juni	Für warme, trockene Lagen
'Berlepsch'/'Goldrenette'/ 'Freiherr von Berlepsch'	Oktober	Oktober bis Februar	Starkwüchsig, guter Geschmack
'Champagnerrenette'/ 'Champagner-Renette'	Ende Oktober/November	Februar bis Mai	Für Saft und Most, nicht für kühle Lagen
'Gloster'	Oktober	Oktober bis Februar	Wärmere Lagen, Frischgenuss nach kurzer Lagerung
'Großer Rheinischer Bohnapfel'/'Bohnapfel'	Oktober/November	Februar bis Juni	Auch für raue Lagen, guter Saftapfel
'Idared'	Oktober/November	Dezember bis April	Wärmere Lagen, mild, geringer Zuckergehalt
'Jonagold'	Ende September	Oktober bis März	Gesunde Sorte, guter Tafelapfel
'Jonathan'	Ende September	November bis März	Wärmeliebend, guter Tafelapfel
'Kanadarenette'/ 'Kanada Renette'	Oktober	Dezember bis April	Eher für trockene Lagen, wärmere Höhenlagen
'Kronprinz Rudolf'	September	November bis März	Auch rauere, feuchtere Lagen, gute Böden
'Langer Bellefleur'	Oktober	Oktober bis April	Rarität, besonders für trockene, heiße Lagen
'Ontario'	Oktober	Dezember bis Mai	Warme Lagen, Strudelapfel
'Parkers Pepping'	Oktober	November bis Mai	Nicht zu trockene Standorte, guter Geschmack
'Rodauner Goldapfel'	Oktober	November bis März	Für alle Lagen geeignet, guter Tafelapfel

Für die Winterlagerung gibt es einige empfehlenswerte Sorten:

Sortenname/ zusätzliche Namen	Erntezeit/Fruchtreife	Genussreif/ lagerfähig bis	Besonderheiten
'Roter Boskoop'	Oktober	Dezember bis März	Auch kühlere Lagen, guter Tafel- und Haushaltsapfel
'Siebenkant'	Oktober	Dezember bis Mai	Rarität, robust, guter Geschmack
'Steirischer Maschansker'	Oktober	Dezember bis Juni	Nährstoffreiche Böden, guter Tafel- und Küchenapfel
'Topaz'	September	September bis Februar	Resistente Sorte

©Brocks

'Steirischer Maschansker'

©Brocks

'Kronprinz Rudolf'

Diese Birnen-Sorten lassen sich sehr gut lagern und lange genießen:

Sortenname/ zusätzliche Namen	Erntezeit/ Fruchtreife	Genussreif/ lagerfähig bis	Besonderheiten
'Esperens Bergamotte'	Oktober	Januar bis April	Frei stehend nur für die wärmsten Lagen; ansonsten als Spalier
'Gräfin von Paris'	Oktober	November bis Februar	Gute Lagen, nährstoffreiche Böden, Tafelbirne, Säfte
'Großer Katzenkopf'	Oktober	November bis März	Auch kühlere Lagen, zum Kochen und frisch Auslöffeln
'Hardenponts Winterbutterbirne'	Oktober	November bis Januar	Warme Lagen, Frischgenuss, Kompott
'Jeanne d'Arc'	Oktober	November bis Januar	Mittlere Lagen, guter Geschmack
'Josefine von Mecheln'	Oktober	Januar bis März	Wärmere Böden, gesund, guter Geschmack
'Liegels Winterbutterbirne'/ 'Wintermuskateller'	Oktober	November bis Januar	Wärmere Lagen, guter Geschmack, Frischgenuss, Most
'Madame Verte'/ 'Madame Verté'	Oktober	Dezember bis Januar	Mittlere Lagen, robust, Tafelbirne, Kompott
'Nordhäuser Forellenbirne'	Oktober	November bis Januar	Kühlere Lagen möglich
'Olivier de Serres'	Oktober	Januar bis März	Warme Lagen, guter Geschmack
'Pastorenbirne'	Oktober	Dezember bis Februar	Robust, kühlere Lagen möglich, Speise- und Kochbirne
'Präsident Drouard'	September	Dezember bis Januar	Warme Lagen, gesund, niedere Baumformen

„Neu" und bereichernd für den naturnahen Garten

Die Experimentierfreude der Gärtnerinnen und Gärtner sorgt dafür, dass auch mit „exotischerem" Obst immer mehr Erfahrungen gesammelt werden. Besonders in milderen Lagen hat sich dadurch die mögliche Sortenvielfalt in unseren Gärten noch deutlich erhöht. Manche dieser „neuen" Obstsorten können bei richtiger Lagerung die Obstsaison lange in den Winter verlängern. Hier nur einige Beispiele:

Nashi (*Pyrus pyrifolia*) – eine eigenständige Fruchtart aus Asien, die auch bei uns immer beliebter wird, z. B. mit den Sorten 'Hu Tu Pear' oder 'Kiiro Osoi', die bis in den Dezember gelagert werden können.

Kaki (*Diospyros kaki*) – Die bei uns angebotenen asiatischen Fruchtsorten der Kaki oder Dattelpflaume reifen bis in den November am

Maroni/Esskastanien gehören zu den Winterhighlights.

Baum, sind dann noch einige Zeit lagerfähig und reifen gut nach. Einem exotischen Wintersnack steht also nichts im Wege.

Lange lagerbar sind beispielsweise auch manche Weißdorn- und Schneeball-Arten, Ebereschen-Sorten, Lenzbeeren, Kiwis, Honigbeeren, Quitten und sogar manche Tafeltrauben-Sorten.

Nüsse des Gartens im Winter genießen

Der Winter ist auch die Zeit der Nüsse – vom Weihnachtsgebäck bis zum Knabbern vor dem knisternden Kamin. Wer in seinem Obstgarten einen Platz für Nussbäume und -sträucher einplant, kann sich herrlich aus dem eigenen Garten versorgen. Ein Walnussbaum, eine echte Maroni, Haselnüsse oder sogar Mandeln? Es lohnt sich, in der Baumschule nachzufragen, ob es für die entsprechende Gartenlage und -größe eine passende Sorte und Wuchsform gibt. Richtig geerntet und getrocknet halten die Nüsse bis zur nächsten Saison.

Walnussbäume werden sehr groß und sind daher nur für große Gärten anzuraten. Sie sind aber sehr pflegeleicht und selbst befruchtend. Als Strauch oder zu einem kurzen Stamm erzogen, fühlen sich die Haselnüsse auf sonnigen, windgeschützten und tiefgründigen Standorten wohl. Da sie windbestäubt sind, müssen mehrere Exemplare gesetzt werden. Auch Maroni oder Esskastanien brauchen eine weitere Befruchtersorte, weil sich männliche und weibliche Blüten bei den meisten Sorten zu unterschiedlichen Zeiten öffnen. Die Pflanze ist sehr wärmeliebend und nur in wintermilden Gebieten sinnvoll. Ähnliches gilt für die Mandeln, die ebenfalls eine Befruchtersorte brauchen und nur in milden Regionen ohne Spätfröste gute Erträge bringen.

Winterschnitt bei Obstbäumen

Die Winterarbeit im Obstgarten, über die wohl am meisten geschrieben, diskutiert und philosophiert wird, ist der Obstbaumschnitt. Wer sich einen wertvollen Obstbaum zulegt, freut sich natürlich auch auf eine Ernte – zumindest auf wohlschmeckende Früchte zum Naschen. Das fachgerechte Schneiden von Obstgehölzen sorgt dafür, dass sich eine gleichmäßige und durchlichtete Krone bildet, dass sie regelmäßig gesunde Früchte von hoher Qualität liefern und lange in einer Lebensphase bleiben, in der sie Früchte bilden. Im Naturgarten gibt es aber noch zusätzliche Aspekte zu bedenken, die über das reine Produzieren von Früchten hinausgehen. Alte und knorrig geformte Gehölze können einfach sehr schön sein, auch wenn sie „schlampig" gepflegt sind. Ein Obstbaum im Hausgarten ist auch Klettergerüst für Kinder oder Wohnraum für Säugetiere, Vögel und Insekten.

Wer jedoch auf die Fruchtqualität großen Wert legt, kommt an der Kunst des Baumschnittes nicht vorbei. Um zu wissen, in welcher Wachstumsphase, bei welcher Sorte und welcher Wuchsform wann das Richtige wegzuschneiden ist, braucht es jedoch entsprechendes Know-how und auch viel Erfahrung. Das Wissen und die Praxis holt man sich am besten bei einem Kurs. Die Erfahrungen über die Reaktionen der verschiedenen Bäume auf die eigenen Schnittmaßnahmen sammeln wir über viele Jahre im eigenen Garten. Es ist ratsam, am Anfang ein wenig vorsichtiger zu agieren und vielleicht auch manchmal einen Profi hinzuzuziehen.

Das Wachstum der Baumtriebe folgt Gesetzen

Um richtig schneiden zu lernen, muss man verstehen, was nach dem Schnitt mit dem Baum geschieht. Als erstes Prinzip gilt, dass die am höchsten liegenden Knospen am stärksten mit Wasser und Nährstoffen versorgt werden und so auch am stärksten wachsen. Das bedeutet, dass in der Krone oben liegende, steile Triebe stärker treiben als flache darunter liegende.

Es ist auch wichtig zu wissen, dass steil stehende Triebe eher in die Länge wachsen und Blätter bilden, während horizontal wachsende Triebe in weiterer Folge Kurztriebe mit Blüten entwickeln.

©Brocks

Die Walnuss eignet sich für größere Gärten.

Ein starker Schnitt im Winter bedeutet starkes Wachstum in der kommenden Saison und damit eher wenig Ertrag. Werden die Triebe eher lang belassen, erfolgt geringeres Wachstum, dafür gibt es mehr Blüten und Früchte. Zusätzlich zum Winter- ist auch ein Sommerschnitt möglich. Bei diesem wird der Baum eher geschwächt, womit auch das Wachstum im nächsten Jahr geringer ausfallen wird.

Es kann im Winter zwischen Januar und dem Austrieb der Bäume geschnitten werden – an frostfreien Tagen. Empfindlichere Arten wie Marillen/Aprikosen, Kirschen oder Walnussbäume werden grundsätzlich im Sommer geschnitten.

Die winterliche Schnittzeit eignet sich ansonsten für alle Schnittarten:

Pflanzschnitt

Obstbäume, die im Herbst gesetzt wurden, sollten jetzt erstmals geschnitten werden. Dabei werden ein Mitteltrieb und drei bis vier Leittriebe ausgewählt und dann die konkurrierenden Triebe entfernt. Schwache und sehr steil wachsende Triebe und Wildtriebe aus der Unterlage werden abgeschnitten. Die Leittriebe werden ca. um die Hälfte eingekürzt – so, dass sich die Enden auf gleicher Höhe befinden und die Endknospe nach außen zeigt. Der Mitteltrieb wird ebenfalls gekürzt, bleibt aber ca. 10 Zentimeter höher als die Seitentriebe.

Erziehungsschnitt

Der Erziehungsschnitt hat zum Ziel, eine stabile und gleichmäßige Krone zu entwickeln. Triebe werden in die richtige Form gebracht, die Leittriebe konkurrierende, nach innen und zu dicht wachsende Triebe werden entfernt. Der Schnitt schafft eine klare Hierarchie zwischen Leittrieben und Fruchttrieben. Leittriebe bleiben daher länger, reichen höher nach oben und werden somit stärker versorgt. Fruchttriebe werden waagerecht erzogen, werden somit schwächer versorgt und sollen später Blüten und Früchte bilden.

Erhaltungsschnitt

Dieser Schnitt sorgt für eine ständige Erneuerung des Fruchtholzes und für eine lichte Krone. Dabei werden Triebe, die zu dicht stehen oder nach innen wachsen, weggenommen; altes Fruchtholz wird auf jüngere Triebe zurückgeschnitten.

Die für kleine Gärten beliebten klein bleibenden Wuchsformen wie Spindelbusch oder Spaliere brauchen noch zusätzliche Schnittarbeiten, die regelmäßig und teilweise auch im Sommer durchgeführt werden müssen.

©Brocks

Die 'Pastorenbirne' gehört zum Winterobst.

Auch das Naturgartenelement „Gemüsegarten" lockt im Winter mit zahlreichen Köstlichkeiten.

Gemüse im Winter? Gibt's direkt aus dem Garten.

Der Gemüse- und Kräutergarten

Was wäre ein Gartenleben ohne eigenes Gemüse und selbst gezogene Kräuter? Im Winter sollten wir uns wieder überlegen, welche Lieblingssorten im nächsten Jahr ein Plätzchen im Beet bekommen sollen und wie eine optimale Fruchtfolge und Mischkultur aussehen könnten. Wer Lust hat, die Erntesaison auszudehnen und auch in der kalten Jahreszeit Köstlichkeiten aus dem Garten zu genießen, kann schon jetzt die Winterernte mitplanen. Mit den Sorten kommen auch zusätzliche Entscheidungen auf uns zu – gibt es die passenden Anbau- und Lagermöglichkeiten? Wie viel Zeit

will man im Winter aufwenden? Was passt zu den eigenen Essgewohnheiten? Das stolze Gefühl, die Früchte des eigenen Gartens zu genießen und ein Stück weit nachhaltig und umweltbewusst zu leben, muss jedenfalls nicht im Herbst enden.

Den Gemüse- und Kräutergarten auf den Winter vorbereiten

Auf abgeerntete Beete sollte im Herbst entweder noch eine Gründüngung gesät werden (siehe S. 16) oder sie werden mit der Grabgabel gelockert und mit Mulch bedeckt. Werden Hochbeete abgeerntet, kann auch noch Spinat, Vogerlsalat/Feldsalat oder Winterportulak gesät werden, die dann entsprechend geschützt den ganzen Winter über geerntet werden können. Wer daran denkt, rechtzeitig Gemüsesamen zu ernten, kann im Winter Sprossen keimen lassen – oder sogar im Frühjahr die neuen Jungpflanzen selber ziehen.

Winterschutz im Gemüse- und Kräutergarten

Für das Gemüsegärtnern im Winter werden vor den ersten Frösten die richtigen Hilfsmittel organisiert – Mulchmaterial, Vlies, vielleicht ein paar alte Fenster, ein Folientunnel oder sogar ein frostfreies Glashaus. Wer keinen passenden Lagerkeller zur Verfügung hat, kann sich überlegen, im Garten eine Miete anzulegen oder ein Frühbeet zum Einschlagen des Gemüses zu verwenden.

Die ersten leichten Fröste lassen sich auch bei Paradeisern/Tomaten, Gurken oder Zucchini noch durch ein Abdecken mit Vlies oder Zeitungspapier überstehen. Spätestens wenn strengere Fröste drohen, müssen diese jedoch geerntet werden. Einen ganz natürlichen Schutz finden Gartenfrüchte, die sich im Boden befinden. Viele Arten von Knollen-, Zwiebel- und Wurzelgemüse können lange im Beet bleiben. Auch manches Blattgemüse bleibt einfach im Beet – andere brauchen hier ein wenig Schutz mit Vlies, Folie oder Ähnlichem.

Gemüse und Kräuter im Winter genießen

Winterlicher Erntekalender
Bis zum Oktober sollten z. B. Erdäpfel/Kartoffeln, Schnittsalat, Eissalat, Fenchel, Karfiol/Blumenkohl, Kopfkohl, Romanesco, Radieschen, Winterrettich, Karotten/Möhren, Rote Rübe/Rote Beete, Sellerie, Petersilie, Schnittlauch, (Steck-)Zwiebeln, Paradeiser/Tomaten, Paprika, Kürbis und Zucchini geerntet werden. Vieles kann mit der richtigen Lagerung den ganzen Winter über genossen werden.

Bis November lassen sich z. B. Chinakohl, Endivien-Sorten, Fenchel, Mangold, Radicchio, Schwarzwurzeln, Wintersalat-Sorten und Zuckerhut auch bei leichten Frösten direkt vom Gemüsebeet ernten. Später werden sie entweder geerntet und genossen oder eingeschlagen, gelagert bzw. am Beet gut geschützt.

Wenn dann im Dezember und Januar die strengen Fröste drohen, sollten auch Vogerlsalat/Feldsalat, Grünkohl, Sprossen-/Rosenkohl, Lauch und Wirsing abgedeckt oder eingeschlagen werden. Wurde der Wintersalat, wie z. B. 'Winterbutterkopf' oder 'Maiwunder', im September bis Ende Oktober gesät, kann er jetzt im kalten Glashaus, unter einer Folie oder im abgedeckten Frühbeet überwintert werden. Dann hat man schon im April erntefrischen Salat. Auch die Endivien-Ernte – besonders auch die des Zuckerhuts – kann man abgedeckt in milden Wintern bis in den Januar hinein verlängern, da sie leichten Frost vertragen. Mangold überdauert milde Winter auch im Beet, wenn er etwas geschützt wird. Im Frühling treibt er gleich wieder Blätter, bevor sich der Blütenstand ausbildet. Radicchio gehört, wie die Endivien oder der Zuckerhut, zu den Zichorien-Gewächsen und bietet auch Sorten für eine echte Winterernte, die im Juni/Juli gesät werden – ein Winterschutz bei strengen Frösten ist aber anzuraten.

Manche Kräuter können bis in den Winter geerntet werden – wie z. B. der Salbei.

Über den gesamten Winter können z. B. Vogerl-salat/Feldsalat, Spinat, Radicchio, Winterportulak, Löffelkraut, Barbarakresse und Frühlingszwiebeln geerntet werden – wenn sie rechtzeitig ange-pflanzt bzw. gesät wurden. Sie werden am Beet mit einem Vlies geschützt oder am Hoch- oder Frühbeet mit Folie oder alten Fenstern bedeckt. Auch manche Knollenpflanzen, wie Topinambur, bleiben im Boden und können an frostfreien Ta-gen jederzeit ausgegraben werden.

Die meisten Kräuter sind im Winter schon längst geerntet und getrocknet. In milden Wintern kön-nen aber robuste und mehrjährige Kräuter noch lange im Freien geerntet werden – so z. B. Thymi-an, Petersilie oder Salbei. Rosmarin und Lorbeer behandelt man am besten wie eine Kübelpflanze. Im Winterquartier steht einer Nutzung auch im Winter nichts im Wege. Für mildere Lagen gibt es frosthärtere und robuste Rosmarin-Sorten, die auch im Freien überdauern können. Gartenkresse (*Lepidium sativum*) liefert am Fensterbrett regel-mäßig würziges und köstliches Grün.

Gemüse einschlagen

Als „einschlagen" bezeichnet man das Zwi-schenlagern oder Überwintern von leben-den Pflanzen und Gemüse. Wenn Gemüse vor dem strengen Frost mit den Wurzeln ausgegraben wird, kann es an einer ge-schützten Stelle dicht nebeneinander gela-gert werden. Dazu wird eine Grube vorbe-reitet und das Gemüse mit Erde oder auch mit Laub oder Reisig bedeckt.

Mit einem alten Fenster geschützt, kann der Vogerlsalat/Feldsalat den ganzen Winter über frisch geerntet werden.

Blattgemüse für das Winterbeet

Name	Aussaat/Pflanzung	Ernte	Winterschutz
Endivien-Salat (*Cichorium endivia*)	Saat Juni/Juli; Pflanzung August	Dezember/Januar	Vlies, wenn Temperatur unter −2 °C
Mangold (*Beta vulgaris* subsp. *cicla*)	März bis Juli	Bis zu strengeren Frösten (besonders Blatt-Mangold)	Vlies, Fichtenäste, wenn er überwintern soll
Radicchio (*Cichorium intybus* var. *foliosum*)	Saat Juni/Juli; Pflanzung Juli/August	Spätherbst bis Frühjahr	Frostfest, am Beet, unter Folie oder Glas für Ernte bei Schnee
Salatrauke, Rucola (*Eruca sativa*)	Im Freien: März bis Mai und September bis Okt.	Über den ganzen Winter hinweg	Am Fensterbrett oder warmes Gewächshaus
Spinat (*Spinacia oleracea*)	August/September	Über den ganzen Winter hinweg	Frostfest, Saat in Hoch- oder Frühbeet für Ernte bei Schnee, Glas, Folie
Vogerlsalat/Feldsalat (*Valerianella locusta*)	August/September	November bis April	Frostfest, Saat in Hoch- oder Frühbeet für Ernte bei Schnee, Glas, Folie
Wintersalat-Sorten (*Lactuca sativa* var. *capitata*)	August/September oder Oktober unter Glas	März bis Mai	Frostfest, im Freien: Vlies oder Folie, Gewächshaus
Zuckerhut (*Cichorium intybus* var. *foliosum*)	Juli/August	Bis Januar im Freiland	Ab −4 °C mit Folie oder Vlies abdecken

Winterliche Blattgemüse-Spezialitäten

Name	Aussaat/Pflanzung	Ernte	Winterschutz
Barbarakraut (*Barbarea vulgaris*)	August/September	Winter bis Frühjahr im Freien	Frostfest, Vlies, Folien- oder Glasabdeckung für Ernte bei Schnee
Hirschhornwegerich (*Plantago coronopus*)	März bis September	Das ganze Jahr über zu ernten	Vlies, Folien- oder Glasabdeckung für Ernte bei Schnee
Löffelkraut (*Cochlearia officinalis*)	Spätsommer	Bis zum Frühjahr	Frostfest, Vlies, Folien- oder Glasabdeckung für Ernte bei Schnee
Winterportulak, Winterpostelein (*Montia perfoliata*)	August/September	Herbst bis Frühjahr	Frostfest, Vlies, Folien- oder Glasabdeckung für Ernte bei Schnee, Gewächshaus

Kohlgemüse für die Winterernte

Name	Aussaat/Pflanzung	Ernte	Winterschutz
Chinakohl (*Brassica rapa* subsp. *pekinensis*)	Juli/August	November bei Lagerung, bis Dezember am Beet	Späte Sorten bis −4 °C am Beet (Vlies), im Keller lagerbar bis Januar
Grünkohl (*Brassica oleracea* var. *sabellica*)	Saat Mai/Juni; Pflanzung August	Ab dem ersten Frost	Frostfest, überwintert am Beet
Kohlrabi (*Brassica oleracea* var. *gongylodes*)	April bis Juli	Ab Mai, je nach Sorte bis in den Winter	Frostfeste Sorten überwintern am Beet, sonst Lagerung/Miete
Rotkraut, Rotkohl (*Brassica oleracea* var. *rubra*)	Herbstsorten ab Mai/Juni; Pflanzen zum Überwintern: August	Je nach Sorte Juni bis Herbst/Winter	Ernte bis zu strengeren Frösten (Vlies), dann in Miete einschlagen
Sprossenkohl, Rosenkohl (*Brassica oleracea* var. *gemmifera*)	April/Mai	Je nach Sorte Herbst/Winter, bis ins Frühjahr	Frostfest, überwintert am Beet
Weißkraut, Weißkohl (*Brassica oleracea* var. *alba*)	Herbstsorten ab Mai/Juni; Pflanzen zum Überwintern: August	Je nach Sorte (März) Juni bis Herbst/Winter	Ernte bis zu strengeren Frösten (Vlies), dann in Miete einschlagen
Wirsing (*Brassica oleracea* var. *capitata*)	Je nach Sorte April bis Mitte August	Je nach Sorte Spätherbst bis Winter; Winterwirsing: ab darauffolgendem März	Winter-Wirsing-Sorten bis −15 °C, überwintert am Beet

Winterliches Knollen- und Wurzelgemüse

Name	Aussaat/Pflanzung	Ernte	Winterschutz
Kren, Meerrettich (*Armoracia rusticana*)	Frühjahr oder Herbst	September bis April	Frostfest, überwintert im Freien
Pastinake (*Pastinaca sativa*)	März bis Juni	Spätherbst/Winter	Vlies bei starken Frösten oder Lagerung
Schwarzwurzel (*Scorzonera hispanica*)	März/April; Überwinterungsanbau im August	Spätherbst/Winter	Frostfest, bleibt im Freien, Ernte, wenn Boden nicht gefroren
Speiserübe (*Brassica rapa* subsp. *rapa*)	Herbstsorten im August	Je nach Sorte Herbst bis Winter	Manche Sorten frostfest, sonst Lagerung
Topinambur (*Helianthus tuberosus*)	Frühjahr oder Spätherbst	Ab März/April bzw. ab September	Frostfest, bleibt im Freien, Ernte, wenn Boden nicht gefroren
Wurzelpetersilie (*Petroselinum crispum* var. *tuberosum*)	März bis Anfang Mai	Ab Oktober bis in den Winter	Bei stärkeren Frösten Schutz mit Vlies

Zwiebelgemüse im Winterbeet

Name	Aussaat/Pflanzung	Ernte	Winterschutz
Etagenzwiebel (*Allium cepa* Proliferum Grp.)	Frühjahr oder Herbst	Fast ganzjährig	Bleibt in milden Wintern grün, Ernte im Freien
Porree (*Allium ampeloprasum*)	Juli/August bei Wintersorten	Wintersorten von Oktober bis April	Anhäufeln vor dem Frost, bleibt im Beet
Winterheckenzwiebel (*Allium fistulosum*)	Saat März/April bis August; Teilung im Herbst	Bis Spätherbst und ab Februar	Frostfest, bleibt im Freien

---

Schnittlauch fürs Fensterbrett

Wer auch im Winter frischen Schnittlauch ernten will, sollte einige starke Fröste abwarten und ein Stück des Schnittlauchs ausstechen. Auf einem hellen, warmen Fensterbrett regelmäßig schneiden.

Andere Gemüsesorten kann man zwar nicht frisch im Winter ernten, sind aber – richtig gelagert – ein wunderbarer Schatz für die Küche in der kalten Jahreszeit. So halten z. B. Trockenbohnen oder Winterkürbisse problemlos bis ins Frühjahr. Bei richtiger Lagerung kann man sie je nach Sorte sogar bis zur nächsten Ernte genießen.

Äpfel lagern am besten in dunklen, luftfeuchten Lagerräumen.

Obst und Gemüse richtig lagern

Für das geerntete Lagerobst ist ein eher dunkler Lagerraum ideal, in dem ca. 2 bis 5 °C bei einer Luftfeuchtigkeit von 80 bis 90 Prozent vorherrschen. Glücklich ist, wer jetzt einen Erdkeller sein Eigen nennen darf. Zur Lagerung werden nur einwandfreie Früchte verwendet. Reifes Obst wird verbraucht und fauliges regelmäßig entfernt. Sollten die Bedingungen nicht so ideal sein, kann man sich damit helfen, das Lagerobst in durchlöcherte Plastikbeutel zu geben. Das Obst gibt bei der Reife Ethylengas ab, das auch die Reifung von anderem Obst und Gemüse beschleunigt. Daher sollte der Raum lüftbar sein, auch um eine zu hohe Luftfeuchtigkeit zu vermeiden. Das Ethylengas ist auch der Grund, warum Obst und Gemüse nicht im selben Raum gelagert werden sollen.

Auch alles Gemüse, das nicht auf dem Beet im Freien bleiben kann, braucht ein passendes Lagerquartier. Wurzelgemüse wie z. B. Karotten, Kren/Meerrettich, Sellerie oder Rote Rübe/Rote Beete kann, feucht in Sand eingeschlagen, lange

©Biermaier

Wurzelgemüse wird im Keller in feuchtem
Sand eingeschlagen.

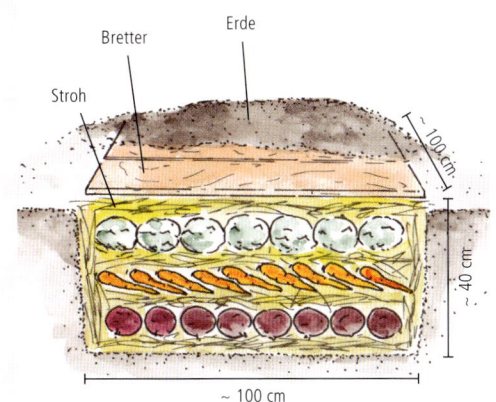

Stroh
Bretter
Erde

~ 100 cm

~ 40 cm

~ 100 cm

©Biermaier

Wer im Garten Platz für eine Erdmiete hat,
kann hier Gemüse lange frisch halten.

im Keller oder in der Garage frisch gehalten werden. Das Gemüse sollte an einem sonnigen Tag
geerntet werden und trocken und kühl ins Lager
kommen. Wichtig ist auch hier, dass nur einwandfreie Exemplare gelagert werden. Das Laub wird
beim Wurzelgemüse entfernt, Kohlarten werden
mit dem Strunk und den äußeren Blättern eingelagert. Auch für das Gemüse gilt: Tiefe Temperaturen (unter 5 °C, aber frostfrei) und hohe Luftfeuchtigkeit machen die Früchte lange haltbar.

Erdäpfel lagern am besten dunkel und gut
belüftet zwischen 3 und 6 °C bei einer Luftfeuchtigkeit von ca. 90 Prozent.

Zwiebeln und Knoblauch sollten ebenfalls
dunkel, kühl und luftig gelagert werden – am
besten in einem Netz, einer offenen Kiste oder
zu einem Zopf geflochten in einem kühlen
Raum, einem Schuppen oder am Dachboden.

Winterkürbisse mögen für ihre Lagerzeit dagegen einen wärmeren Ort. Lagerräume mit einer
Luftfeuchtigkeit unter 70 Prozent und einer
Temperatur über 15 °C sind hier passend. Das
kann auch direkt in den Wohnräumen sein.

Wer genug Platz im Garten hat, kann sich
auch eine Erdmiete anlegen. Dazu wird ein passend zur Gemüsemenge dimensioniertes Loch
in der Erde ausgehoben, mit einem Wühlmaus-
gitter geschützt und mit Stroh gedämmt. Es
sollte dann noch ca. 30 Zentimeter tief sein.
Darin wird schichtenweise das Gemüse gelegt
und dieses wieder mit Stroh bedeckt. Das Loch
wird dann mit Brettern oder Erde abgedeckt.
Die Lagerung in einer eingegrabenen Kiste im
gedämmten Frühbeet oder gleich im ungeheiz-
ten Glashaus erleichtert natürlich die winterliche Nutzung, wenn Schnee liegt.

Nieswurz-Arten gehören zu den zu den beliebtesten winterblühenden Stauden.

Blumen und blühende Stauden

Für viele Naturgärten sind die Blumen- und Staudenbeete der bunte und prächtige Blickfang Nummer eins – von den Zwiebelpflanzen im Frühling bis zu den Astern, Anemonen und Gräsern im Herbst. Nur ein paar kleine Überlegungen in der Komposition der Beete, und schon zeigen sich die Staudenbeete auch im Winter von einer vielfältigen und anmutigen Seite.

Blumen- und Staudenbeete auf den Winter vorbereiten

Im Staudenbeet gilt für die herbstliche Pflege oft: weniger ist mehr. Das Laub kann als natür-liche Mulchschicht liegen bleiben, abgeblühte Blüten- und Fruchtstände werden erst im Frühling abgeschnitten, um in den Halmen einquartierten Nützlingen die sichere Überwinterung zu ermöglichen. Ausnahmen machen nur Pflanzen, die sich zu sehr aussamen würden, wie z. B. Goldruten, Fingerhut-Arten oder Astern bzw. manche Dauerblüher, die nach der Blüte ihre Energie in die Überwinterungsorgane und nicht in die Samenproduktion stecken sollen. Solche Arten werden nach der Blüte im Spätsommer und Herbst zurückgeschnitten.

Manche Immergrüne und Zweijährige freuen sich über einen leichten winterlichen Sonnenschutz durch Fichtenzweige. Insgesamt sollten Immergrüne wie Haselwurz, Nieswurz, Glöckchentraube, Immergrün oder Elfenblume nicht

©Brocks

Ziergräser sind im winterlichen Garten ein attraktiver Blickfang.

komplett zugedeckt werden. An frostfreien Tagen freuen sich immergrüne Stauden auch über etwas Wasser.

Winterschutz im Beet

Stauden aus wärmeren Regionen brauchen bei uns geschütztere Standorte oder einen Schutz durch Laub oder ein paar Fichtenzweige. Beispiele dafür sind die Japanorchidee (*Bletilla*), Artischocke (*Cynara*), Freiland-Fuchsien (*Fuchsia*), Prachtkerze (*Gaura lindheimeri*), Sonnenröschen (*Helianthemum*), Buschmalve (*Lavatera*), Glöckchentraube (*Liriope*), Schlangenbart (*Ophiopogon*), Bartfaden (*Penstemon*) oder die Binsenlilie (*Sisyrinchium*). Auch Halbsträucher wie Lavendel (*Lavandula*), Salbei (*Salvia*) oder

Thymian (*Thymus*) sind für eine Abdeckung bei sehr strengen Frösten dankbar.

Frostempfindliche Knollenpflanzen wie Dahlien können nicht im Freien bleiben. Wer sie sich im Garten wünscht, muss sie nach den ersten Frösten ausgraben, abtrocknen lassen und beschriftet im Keller in Sand einschlagen. Der beste Lagerplatz ist ein dunkler Raum mit einer Wintertemperatur von ca. 5 °C. Die Dahlienknollen dürfen nicht feucht werden; der Raum sollte insgesamt aber eine höhere Luftfeuchtigkeit haben.

Horstförmig wachsende Gräser werden im Herbst zusammengebunden, um das „Herz" der Pflanze vor Nässe und Frost zu schützen. Andere Gräser zeigen gemeinsam mit den Fruchtständen der abgeblühten Stauden herrlich glitzernde Winterbilder bei Raureif oder Schnee.

Die Fruchtstände des Sonnenhutes sind auch im Winter einfach bezaubernd.

Die Lampionblume zeigt sich im Winter von ihrer eher unbekannten, zarten Seite.

Schönheit von Struktur, Grün und Winterblüte

Eine ruhige Stunde im Wintergarten oder eine winterliche Gartenrunde zeigt: Der Naturgarten ist auch im Winter eine Welt voller Schätze und Schönheiten. Mit ein wenig Planung schaffen wir die Voraussetzungen, dass uns der Winter schöne Gartenbilder malen kann.

Winterzauber braucht Struktur

Samen- und Blütenstände von Stauden und Zwergsträuchern, die im Herbst nicht zurückgeschnitten werden, bieten eine herrliche Grundlage für Kunstwerke aus Schnee und Raureif. Dabei werden besonders schöne Formen erkennbar, die erst nach der Blüte so richtig zur Geltung kommen können. Horstig wachsende Arten wie die Fetthenne (*Sedum* oder *Hylotelephium*), Schafgarbe (*Achillea*) oder Hortensien-Arten (*Hydrangea*) sind hier besonders geeignet. Besonders schöne Strukuren bilden auch Stauden wie die Karde (*Dipsacus*), Sonnenhut (*Echinacea* und *Rudbeckia*), Diptam (*Dictamnus*), das Brandkraut (*Phlomis*), Kugeldistel (*Echinops*), Lampionblume (*Physalis*) oder der Mannstreu (*Eryngium*).

Auch viele Gräser – zusammengebunden oder frei – ergeben wunderschöne Strukturen für die weiße Pracht des Winters. Besonders Ziergräser wie das Chinaschilf (*Miscanthus*) oder das Lampenputzergras (*Pennisetum*) wandeln sich von den Blickfängen des Herbstgartens spielend zu echten Highlights des winterlichen Staudenbeetes.

Dabei erfreuen die Samenstände nicht nur uns Gärtnerinnen und Gärtner mit ihrer Schönheit –

Die ersten warmen Sonnenstrahlen wecken die Blüten des Winterlings.

auch als Nahrungsspender und Nützlingsquartier sind sie ein wichtiger Teil des Naturgartens.

Winter bekennt Farbe

Unsere Winter zeigen sich häufig als Wechselspiel zwischen frostigen und milden Phasen sowie Zeiten mit Schnee und solchen, in denen der Boden frei ist. Eine durchdachte Artenzusammenstellung am Staudenbeet kann schon ab Januar Farbtupfer in den Garten zaubern – mit Blüten, denen auch der Frost nichts anhaben kann. Ob sie mit ihren Farben jetzt durch den Schnee blitzen oder das Braun des winterlichen Staudenbeetes durchbrechen – ein paar Winterblüten sind immer ein Gewinn.

Beete, die im Sommer im Halbschatten oder Schatten liegen, haben im Winter sogar einen leichten Vorteil – denn hier fühlen sich Nies-wurz-Arten (*Helleborus* spp.) und der Seidelbast (*Daphne mezereum*) wohl. In Gegenden mit kalkreichen Böden zeigt auch die heimische Erika (*Erica carnea*) entzückende Blütentrauben in Weiß, Rosa oder Rot, wobei die Erika auch sonnige Standorte mag. Ab Februar blitzen dazwischen auch schon die ersten Schneeglöckchen (*Galanthus nivalis*) durch.

In den sonnigen Beeten hat oft schon ab Januar der Winterling (*Eranthis hyemalis*) seinen großen Auftritt. Die aus Südeuropa stammende Knollenpflanze öffnet ihre strahlend gelben Blüten an sonnigen Wintertagen und ist hier sogar schon manchmal Ziel von ersten hungrigen Blütenbesuchern.

Doch nicht nur Blüten bringen Farbe in den Winter, auch das eine oder andere bunte Blatt erfreut das Auge – z. B. mit einem im Herbst gepflanzten rotblättrigen Zierkohl.

Manch blattzierende Pflanze überzeugt auch im Winter mit bunten Farben – wie hier z. B. eine Palmlilie.

Und immer lockt das Grün

Um die unzähligen Spielarten der Farbe Grün in der Natur zu erleben, ist zwar der Frühling unschlagbar – aber auch der Garten im Winter kann hier einiges bieten. Die heimische Flora zeigt einen erstaunlichen Reichtum, was die Vielfalt der immergrünen Stauden betrifft – besonders im Unterwuchs naturnaher Wälder. Diese Arten sind natürlich für den Naturgarten perfekt geeignet und bringen sattes Grün ins weiße bzw. braune Winterbeet.

Das Leberblümchen (*Hepatica nobilis*), die Haselwurz (*Asarum europaeum*), das Immergrün (*Vinca minor*), die Schneemarbel (*Luzula nivea*) oder Mandel-Wolfsmilch (*Euphorbia amygdaloides*) haben bereits den Weg in das Sortiment der Staudengärtnereien gefunden. Auch manche Zwiebelpflanzen bilden schon im Winter schöne aufrechte Triebe aus – wie die Sommer-Knotenblume (*Leucojum aestivum*). Natürlich sind auch standortgerechte Arten aus fremden Weltengegenden schöne Grünbringer, wie z. B. Elfenblumen (*Epimedium* spp.), Glöckchentraube (*Liriope muscari*), Zyclamen (*Cyclamen* spp.) oder Schwertlilien (*Iris* spp.).

Einen Teil des grünen Schauspiels im winterlichen Garten machen auch die einjährigen Rosetten und Grundblätter der zweijährigen Pflanzen aus – denkt man an Königskerzen (*Verbascum* spp.), Fingerhut-Arten (*Digitalis* spp.) oder die Garten-Mondviole (*Lunaria annua*).

Das heimische Leberblümchen hat hübsche immergrüne Blätter.

Manche Farne, wie z. B. der Rippenfarn, sind wintergrün.

Farne: zart und zauberhaft

Zungenförmig, lappig bis zart gefiedert: Farne sind subtile Künstler der Formenvielfalt. Ihre grünen Wedel zeichnen im Winter einen wunderschönen Kontrast zu Schnee oder Laubmulch – besonders, wenn die flachen Strahlen der Wintersonne ihr Laub zum Leuchten bringen.

Bei sommergrünen Farnen wie z. B. dem Frauenhaarfarn (*Athyrium filix-femina*) oder dem Trichterfarn (*Matteuccia struthiopeis*) sollten die abgestorbenen Wedel nicht im Herbst abgeschnitten werden – sie dienen als natürlicher Schutz für die empfindlichen Triebknospen am Rhizom. Über eine Mulchschicht aus Laub und/oder Fichtenzweigen freuen sich diese Waldpflanzen sehr, vor allem bei fehlender Schneedecke.

Gemulcht werden auch die wintergrünen Arten wie der heimische Wurmfarn (*Dryopteris filix-mas*), der Hirschzungenfarn (*Asplenium scolopendrium*), der Schildfarn (*Polystichum* spp.) und der Goldschuppenfarn (*Dryopteris affinis*). Ihre grünen Wedel verleihen dem winterlichen Garten einen besonderen Reiz und sind somit auch in dieser Hinsicht eine wertvolle Ergänzung im Staudenbeet an schattigen und halbschattigen Standorten. Der ebenfalls heimische und immergrüne Tüpfelfarn (*Polypodium vulgare*) leitet zum Naturgartenelement „Trockensteinmauer" über.

Trocken- und Feuchtbiotope

Im Naturgarten gibt es auch Lebensräume, die im Winter wirkliche Ruhe ausstrahlen dürfen – dazu gehören beispielsweise die Trocken- und Feuchtbiotope. In den Trockensteinmauern und Trockenbeeten warten Samen auf die richtige Keimtemperatur, und Stauden ruhen in ihren Erneuerungsorganen. Teiche werden manchmal sogar fast unsichtbar, wenn sie von einer Decke aus Eis und Schnee verhüllt sind – wären da nicht die besonderen Pflanzen des Röhrichts, die ihre Grenzen auch im Winter sichtbar machen.

Trockenbiotope

Trockenbiotope auf den Winter vorbereiten
Viele Arten der Trockenbiotope sind Kaltkeimer. Wer also im nächsten Jahr z. B. Klatschmohn (*Papaver rhoeas*), Kornblume (*Centaurea cyanus*), Kornrade (*Agrostemma githago*), Akelei (*Aquilegia* spp.), Jungfer im Grünen (*Nigella damascena*) oder Acker-Rittersporn (*Consolida regalis*) in seinen Beeten haben will, sät sie am besten schon im Sommer/Herbst aus. So bekommen die Samen den benötigten Kältereiz, um keimen zu können. Viele dieser Pflanzen stammen ursprünglich aus Südeuropa, wo milde und feuchte Winter sowie trockene Sommer vorherrschen. Sie sind als bunte Acker-Unkräuter in Mitteleuropa oft selten geworden und finden im Naturgarten eine neue Heimat. Sie überwintern oft bereits als Keimlinge.

Viele Pflanzen, die sich in Trockensteinmauern und Trockenbeeten wohlfühlen, stammen aus Gebieten, die im Winter einen verlässlichen Schneeschutz haben. Bei den ausdauernden Stauden handelt es sich oft auch um immergrüne Pflanzen, die sich im Winter über einen Sonnenschutz aus Fichtenzweigen freuen.

Trockenbiotope im Winter genießen
Viele Arten der Trockenbeete sind „Spezialisten" für schöne Samenstände, die sich gerne mit Schnee und Reif schmücken – wie Diptam (*Dictamnus albus*), die Kugeldistel (*Echinops* spp.) oder die Karde (*Dipsacus* spp.). Die immergrünen Blätter der Palmlilie (*Yucca filamentosa*) ragen frech durch die weiße Decke.

©Brocks

Auch das Trockenbiotop bietet interessante winterliche Impressionen.

Kaum schmilzt in milderen Wintertagen der Schnee, lugen auch schon die wintergrünen Blätter der Trockenbiotope hervor: Heimisches wie Dachwurz (*Sempervivum* spp.), Mauerpfeffer-Arten (*Sedum acre, album* oder *rupestre*), Steinbrech-Arten (*Saxifraga* spp.), Thymian-Arten (*Thymus* spp.), Steinkraut-Arten (*Alyssum montanum* und *Aurinia saxatilis*) oder standortangepasste Gäste wie die Glockenblumen (*Campanula poscharskyana* oder *portenschlagiana*), Schleifenblume (*Iberis sempervirens*), Gänsekresse (*Arabis caucasica*), Blaukissen (*Aubrieta* spp.) oder die spektakuläre und immergrüne Walzen-Wolfsmilch (*Euphorbia myrsinites*). Manchmal gibt es in milden Wintern hier schon einzelne frühe Blüten zu bewundern.

Große Bedeutung haben Trockenbiotope auch als Überwinterungsorte für tierische Gartenbewohner. In Trockensteinmauern und Steinhaufen ruhen Amphibien, Reptilien und vielerlei Insekten.

©Brocks

Kennen Sie die winterliche Seite des Rohrkolbens?

Feuchtbiotope

So sehr das Element Wasser die Lebendigkeit des Naturgartens widerspiegelt, so schlafend und ruhend präsentiert sich der Gartenteich im Winter; alles Leben hat sich in den Untergrund zurückgezogen. Um den Teich auch gut in die Winterruhe gleiten zu lassen, sind ein paar Vorbereitungen sinnvoll.

Bevor die Kälte kommt

Diese Vorbereitungen starten schon, sobald der Laubfall einsetzt. Laub sollte regelmäßig aus dem Teich gefischt werden. Es bildet sonst eine Mulm-Schicht am Teichgrund, die bei ihrer langsamen Zersetzung viel Sauerstoff verbraucht und Nährstoffe in das Ökosystem Teich einbringt. Am besten ist es, schon im Herbst ein Laubnetz anzubringen, das die Blätter abfängt. Vor dem Winter kann man wuchernde Pflanzen wieder ein wenig zurückdrängen. Wichtig ist jedoch, dass die Reste der Pflanzen des Teich-Röhrichts, z. B. von Rohrkolben (*Typha* spp.), Igelkolben (*Sparganium erectum*), Sumpf-Schwertlilie (*Iris pseudacorus*), Seggen (*Carex* spp.), Simsen (*Scirpus lacustris*) oder Binsen (*Juncus* spp.) am Teichrand stehen bleiben und durch die Eisschicht ragen. So wird ganz natürlich sichergestellt, dass trotz des Eises genug Sauerstoff in den Teich gelangen kann.

Die tropische Wasserhyazinthe will im Winter ins Warme.

Die heimischen Schönheiten unserer Feuchtlebensräume können natürlich auch im Gartenteich problemlos überwintern. Wer sich noch ein paar exotische Besonderheiten in das Feuchtbiotop geholt hat, muss jetzt ein geeignetes Winterquartier suchen. Seerosen in flachen Gewässern, Miniaturteichen oder Schalen könnten durchfrieren und sollten frostfrei überwintert werden. Tropische Wasserpflanzen wie die Wasserhyazinthe (*Eichhornia crassipes*) oder die Muschelblume (*Pistia stratiotes*) müssen bei Temperaturen von mindestens 15 °C überwintern. Manche beliebte Pflanzen des Teichrandes, wie z. B. das Hechtkraut (*Pontederia cordata*) oder die Gauklerblume (*Mimulus luteus*) sind nur in milden Regionen winterhart (bis ca. −10 °C). Auch sie können, wenn sie in Körbe gepflanzt wurden, frostfrei im Haus überwintert werden.

Ist die Zeit des Laubfalls vorüber, kann das Laubnetz entfernt und verstaut werden, genauso wie alle technischen Geräte, die möglicherweise im Einsatz sind. Nachdem alle Zu- und Ableitungen entleert sind, werden Pumpen und Filter entnommen, gereinigt und in einem Kübel mit Wasser frostfrei gelagert.

Im naturnahen Garten sollte der Gasaustausch im Gartenteich durch die Pflanzen der Flachwasserzone gut gewährleistet sein. Bei naturnahen Teichen im Garten wird auch darauf Wert gelegt, dass sie ausreichend tief sind. Wer auf Nummer sicher gehen will, kann sich auch zusätzlicher Hilfsmittel bedienen, wie z. B. Luftpolsterfolien, die mit den luftgefüllten Noppen nach unten auf die Wasseroberfläche gelegt werden, oder sogar professionellen Eisfreihaltern aus dem Gartenfachhandel.

Blumenwiese und Kräuterrasen

Natürlichkeit schaffen und Schönheit genießen: das ermöglichen die Blumenwiesen- und Kräuterrasen in unseren Gärten. Das ganze Jahr über zeigen sie sich von ihrer dynamischen und vielfältigen Seite und brauchen dabei nicht viel, aber regelmäßige Pflege. Im Winter wollen sie hingegen ganz und gar in Ruhe gelassen werden.

Blumenwiese – im Winterschlaf

Blumenwiesen sind Elemente der Kulturlandschaft – fett, mager, trocken, feucht: Für jeden Standort gibt es eine angepasste Zusammensetzung an Arten, die diese Wiesengesellschaften nachhaltig erblühen lassen. In den meisten Wiesenstandorten würden sich mit der Zeit Gehölze ansiedeln und diese schrittweise in Wälder verwandeln. Nur das regelmäßige Mähen sorgt dafür, dass die Wiese so bleibt, wie sie ist.

Vor dem Frost

Die Blumenwiese muss also im Sommer gemäht werden, sobald die Kräuter ihre Samen produziert haben. Das Mähgut kann noch ein wenig liegen bleiben, trocknen und aussamen. Dann muss es aber abtransportiert und verfüttert bzw. kompostiert werden. Auch Laub sollte nicht in größeren Mengen auf der gemähten Wiese liegen bleiben. Eine Düngung ist jedenfalls vor dem Winter keinesfalls nötig. Je magerer und durchlässiger die Wiesenstandorte sind, desto eher setzen sich blühende Kräuter durch. Sobald der Winter in den Garten einzieht, sollte man die Wiese nicht mehr betreten – so schont man die Pflanzen und vermeidet Verdichtungen.

Rasen mit Extras

Wie viel Wildwuchs ein Rasen verträgt, ist Geschmackssache. Sicher ist jedoch, dass ein paar Kräuter im Rasen ein bunter Beitrag zur Vielfalt sind und ein wenig Gelassenheit das Gartenleben auf alle Fälle sehr erleichtert.

Auch der Rasen wird vor der Winterpause noch einmal gemäht. Am besten mäht man dabei das Laub gleich mit – so wird es zerkleinert und kann besser kompostiert werden. Das Laub selbst wird dann vom Rasen entfernt. Dichte Laubschichten können dazu führen, dass der Rasen erstickt. Wer besonderen Wert auf einen dichten Rasen mit einem hohen Anteil an Gras legt, kann im Herbst auch noch vertikutieren und den Boden mit Quarzsand und Kompost bzw. biologischem Rasendünger versorgen.

©Brocks

Zerkleinertes Laub lässt sich besser kompostieren.

Was in den Kräutern des Rasens steckt
Ein paar kleine schneefreie Flecken im Rasen, und schon lassen sich auch im Winter die Kräuterschätze des Gartens bewundern – immergrüne Blätter, neue Triebe, ja sogar schnelle Blüten sind sofort zur Stelle. Manche dieser Kräuter sind seit jeher beliebt als Vitaminspender in der kalten Jahreszeit. Es macht Spaß, sich das bewusst zu machen und für den eigenen Wintersalat dem Schnee das eine oder andere Kräutchen abzuluchsen. Dazu ein paar kurze Steckbriefe:

©Brocks

Vogelmiere oder Hühnerdarm
(*Stellaria media*)

Pflanzenfamilie: Nelkengewächse
Wuchs/Blüte: Die Vogelmiere wächst in Beeten, Gärten, auf Äckern und nährstoffreichen Ruderalstellen. Sie wächst ein- bis zweijährig, gedeiht aber in milden Regionen das ganze Jahr.
Nutzung/Wirkung: Da die Vogelmiere reich an Vitamin C ist, wird sie gerne zum Frühlingssalat gegeben, um die Abwehrkräfte des Körpers zu aktivieren.

©Brocks

Gundelrebe oder Gundermann
(*Glechoma hederacea*)

Pflanzenfamilie: Lippenblütler
Wuchs/Blüte: Die Gundelrebe wächst in Auwäldern, auf Fettwiesen und in Gärten, wobei sich ihre Sprossen kriechend ausbreiten. Sie behält ihre grünen Blätter auch unter der Schneedecke. Die Blüten erscheinen erst im April.
Nutzung/Wirkung: Die ausdauernde Pflanze wird als Würzkraut und für Frühlingssalate verwendet. Auch als Tee wird sie in der Volksheilkunde eingesetzt, um z. B. den Appetit anzuregen oder Magenverstimmungen zu lindern.

©Brocks

Scharbockskraut
(*Ficaria verna*)

Pflanzenfamilie: Hahnenfußgewächse
Wuchs/Blüte: Das Scharbockskraut wächst in Auwäldern, nährstoffreichen Edellaubwäldern und natürlich in Parks und Gärten. Die Vermehrung erfolgt ungeschlechtlich über Brutknöllchen, die schon im Herbst neue Blätter ausbilden und die dann grün überwintern. Die gelben Blüten erstrahlen im April.
Nutzung/Wirkung: Der hohe Gehalt an Vitamin C macht die Blätter zu einem wichtigen Bestandteil von Frühlingssalaten. In der Volksheilkunde wird auch der Tee bei Hautunreinheiten verwendet.

©Brocks

Gänseblümchen
(*Bellis perennis*)

Pflanzenfamilie: Korbblütler
Wuchs/Blüte: Das Gänseblümchen wächst in Park- und Gartenrasen, an Wegrändern und auf Fettweiden. Die Pflanze zeigt einen hohen Gehalt an Nährstoffen im Boden an. Das ausdauernde Gänseblümchen fängt in milderen und schneefreien Zeiten sofort an zu blühen.
Nutzung/Wirkung: Gänseblümchen werden in der Volksheilkunde und für die Kräuterküche verwendet. Frühlingssalate mit den Blättern und Blüten und Brotdekorationen sind fast ganzjährig möglich. Die Blütenknospen können als „Kapern" eingelegt und das Kraut sogar als appetitanregender Tee verwendet werden.

Nützlingsunterkünfte unterstützen das ökologische Gleichgewicht im Naturgarten.

So fühlen sich Nützlinge wohl

Vorbeugen ist die beste Medizin – das gilt auch für den Naturgarten. Wer sich mit den „nützlichen" und „schädlichen" Lebewesen des Gartens auseinandersetzt, weiß auch, wie sie in unsere Gärten kommen, wovon sie sich ernähren, wie sie sich vermehren, wo sie leben und überwintern. In vielfältigen Naturgärten stellt sich mit der Zeit ein ökologisches Gleichgewicht ein, das ein nachhaltiges Zusammenleben von Mensch, Tier und Pflanze ohne Gifte ermöglicht. Jetzt muss man eine Blattlaus oder einen Kohlweißling nicht extra in den Garten locken – die schaffen es ganz von selbst auf unsere Lieblingspflanzen. Dass aber die nützlichen Gegenspieler im Garten schon im Frühling auf sie warten, kann man durch Nützlingsunterkünfte erreichen. Diese Naturgartenelemente ergänzen eine naturnahe Gestaltung und können ganz gezielt Nützlinge in den Garten locken, ein dauerhaftes Quartier schaffen und die sichere Überwinterung ermöglichen. Nützlingsquartiere, die der Überwinterung dienen, müssen natürlich bereits im Sommer und Herbst zur Verfügung stehen.

Das Igelhaus

Um einem Igel im Garten ein Winterquartier zu geben, ist es am besten, einfach einige Ecken im Garten möglichst unberührt zu lassen. Unter Holzstößen, in Reisig-, Stein- oder Laubhaufen bauen sich die Insektenfresser im Herbst gerne selbst ihr Schlafnest. Wer selbst auch aktiv werden will, kann aus ein paar Holzbrettern auch leicht ein Igelhaus bauen. Das ist im Grunde ein Holzkasten mit einem schrägen Dach mit einer Grundfläche von ca. 30 mal 30 Zentimetern und einer Höhe von ca. 30 bis 40 Zentimetern. In ein Igelhaus mit rechteckiger Grundfläche (ca. 30 mal 40 Zentimeter) kann man auch noch eine Trennwand einfügen, um einen „Eingangsbereich" und einen Schlafbereich zu trennen. So ist der Igel vor Katzen geschützt. Das Einschlupfloch sollte ca. 10 Zentimeter breit und hoch sein. Dieses Haus kann dann im Winter auch noch mit Laub und Reisig bedeckt werden. Es gibt auch viele Angebote für fertige Igelhäuser im Fachhandel. Wichtig ist, dass die Igelquartiere gereinigt werden können. Entweder lässt sich das Dach abnehmen oder es ist unten offen und steht z. B. auf einer Steinplatte, die leicht abgespritzt werden kann, wenn der Igel aus dem Winterschlaf erwacht ist.

Das Insektenhotel

Hummeln und Wildbienen sind als robuste Bestäuber sehr willkommen im Garten. Hummeln und manche Wildbienen-Arten überwintern in Bodenhöhlen. Andere überdauern die kalte Jahreszeit als Puppen, aus denen im Frühling die erwachsenen Tiere schlüpfen. Besonders für diese Gruppe sind „Nützlingshotels" sehr wertvoll. In solchen Quartieren werden hohle und mit Mark gefüllte Stängel, gebohrte Hartholz-Stücke und Lehmziegel mit unterschiedlich dimensionierten Löchern für Bienen angeboten. Da sich im Winter in diesen Höhlungen die Puppen der Bienen befinden, ist hier ein winterliches „Saubermachen" nicht angebracht. Im Frühling, nachdem die neue Generation geschlüpft ist, sollte einfach ein Teil der Stängel getauscht oder ergänzt werden. Besonders wichtig ist der Standort des Nützlingshotels, der geschützt und an einem sonnigen Platz sein sollte.

In Insektenhotels findet man meist auch Elemente mit Koniferen-Zapfen oder Ähnlichem, in denen Marienkäfer oder Spinnen gut überwintern können.

Absolut im Trend: Unterkünfte für Wildbienen und andere Nützlinge.

Die oft integrierten „Florfliegenkästen" sind rot bemalt und mit Stroh oder Holzwolle befüllt. Da Florfliegen aber am liebsten z. B. in Scheunen, Garagen oder Dachböden kühl und frostfrei überwintern, ist es besser, die Florfliegenkästen im Winter an einen solchen frostfreien Ort zu bringen.

Der Fledermauskasten

Um für die selten gewordenen Fledermäuse ein Winterquartier zur Verfügung stellen zu können, braucht es entweder passende Strukturen im Naturgarten, wie z. B. ungestörte Baumhöhlen oder Schuppen, oder speziell konstruierte Quartiere. Solche Winterquartiere müssen so gebaut sein, dass die Fledermäuse auch bei tiefen Temperaturen nicht erfrieren. Sie müssen auch groß genug sein, eine Gruppe von Tieren aufnehmen zu können, und entsprechend gut isoliert sein.

Die Sommerquartiere der Fledermäuse kann man in der kalten Jahreszeit zwischen November und Februar reinigen.

Nistkästen

Nistkästen für Vögel sind eigentlich als Brutplätze im Frühjahr vorgesehen. Die schützenden Höhlen sind aber auch im Winter willkommene Rückzugsorte für Vögel, Insekten und sogar Säugetiere. Daher sollte man die Nistkästen im Sommer reinigen und ab dem Herbst in Ruhe lassen.

Vögel füttern im Winter?

Vögel, die im Winter in unseren Breiten bleiben, sind im Naturgarten auch jetzt gerne gesehen. Die vielfältige und naturnahe Gestaltung des Gartens und die lebensbejahende Einstellung der Gärtnerinnen und Gärtner sorgen eigentlich ausreichend dafür, dass es für die gefiederten Freunde genug zu fressen gibt. Und doch macht es Spaß, die vielen bunten Arten aktiv in den Garten zu locken und am Vogelhäuschen zu beobachten. Wer sich dafür entscheidet, im Winter zu füttern, sollte dies den ganzen Winter hindurch machen und ein paar Dinge beherzigen.

Für die Winterfütterung eignen sich am besten Futtersilos mit Sitzstangen oder Ringen. So kann das Futter nicht durch Kot verunreinigt werden. Auch Futterhäuser mit größeren Ablageflächen

Ein halbierter Apfel ist ein beliebter Vogelsnack.

sind möglich, sollten aber wöchentlich gereinigt werden. Ergänzt mit Meisenknödeln oder -glocken und der richtigen Futtermischung, können Sie eine größere Anzahl von Arten unterstützen. Dabei gibt es einerseits typische Körnerfresser wie z. B. Buchfink, Grünfink oder Haussperling und andererseits Weichfresser wie Amsel, Drossel oder das Rotkehlchen. Die Körnerfresser lieben Mischungen aus Sonnenblumen, Hirse, Hanf oder Getreidekörnern im Futtersilo oder – mit Fett vermischt – in Form von Ringen oder Knödeln. Die Weichfresser bevorzugen Dörrobst, Rosinen, Nüsse, Äpfel und in Fett getränkte Haferflocken.

Wer Vögel im Winter füttert, leistet einen wichtigen Beitrag dafür, sie heil und kräftig durch die kalte Jahreszeit zu bringen. Doch man darf auch nicht vergessen, dass dadurch in erster Linie Arten unterstützt werden, die sehr konkurrenzstark sind und oft ohnehin häufig vorkommen. Nistplätze für seltenere Zugvögel sind dann im Frühling vielfach schon durch diese Arten besetzt. Man sollte daher unbedingt auch daran denken, im Frühling speziell Nistkästen für die eintreffenden Zugvögel aufzuhängen.

Komposthaufen und Wildes Eck

Die Naturgartenelemente Komposthaufen und Wildes Eck stehen für die Kreisläufe im naturnahen Garten. Der Kompost sorgt dafür, dass Nährstoffe nicht verloren gehen und dass sie in durch und durch lebendiger Form wieder auf unsere Beete zurückkommen können. Die Wilden Ecken sind Versteck, Kinderstube und natürlich auch Überwinterungsort für die Lebewesen, die das ökologische Gleichgewicht des Naturgartens möglich machen.

Wird der Winter tatsächlich von eisigen Temperaturen begleitet, dann ruht auch im Kompost alles Leben, das für die Umsetzung der organischen Stoffe in nährstoffreichen Naturdünger verantwortlich ist.

Bevor der Frost einsetzt, ist es möglich, den Komposthaufen noch einmal umzusetzen, um die Zusammensetzung zu optimieren und seine biologische Aktivität zu verlängern. Teile des Herbstlaubes können natürlich auf den Komposthaufen kommen, aber auch hier kommt es auf die richtige Mischung an. Am besten ist es, Schichten mit Laub und gehäckseltem Gehölzschnitt und Schichten mit Küchenabfällen oder sogar Mist abwechselnd auf den Haufen zu geben. Der Rest des Laubes kann extra gelagert werden, um es im Frühling nach und nach auf den Kompost zu schichten oder regelmäßig als Mulchmaterial zu verwenden. Damit der Komposthaufen insgesamt über den Winter nicht zu feucht wird, ist es gut, ihn z. B. mit Kartoffelsäcken, alten Teppichen oder auch einer Schicht Laub oder Grasschnitt abzudecken. Wer im Frühling gleich seinen Kompost anwendungsfertig bei der Hand haben will, kann auch schon im Herbst einen Teil des Reifkompostes aussieben und geschützt lagern.

Ein Wildes Eck zeichnet sich das ganze Jahr über dadurch aus, dass es möglichst in Ruhe gelassen und wenig betreten wird. Das gilt in besonderem Maß im Winter. Hier liegen Totholz, Steine oder Schnittgut, hier wachsen Wildpflanzen wie Brennnessel, Taubnesseln, Beinwell, Klette oder Beifuß. In dieses Eck des Naturgartens haben sich auch viele Tiere zurückgezogen um die kalte Jahreszeit zu überdauern – eine Schatztruhe des Lebens, die sich im Frühling wieder summend und flatternd für uns öffnet.

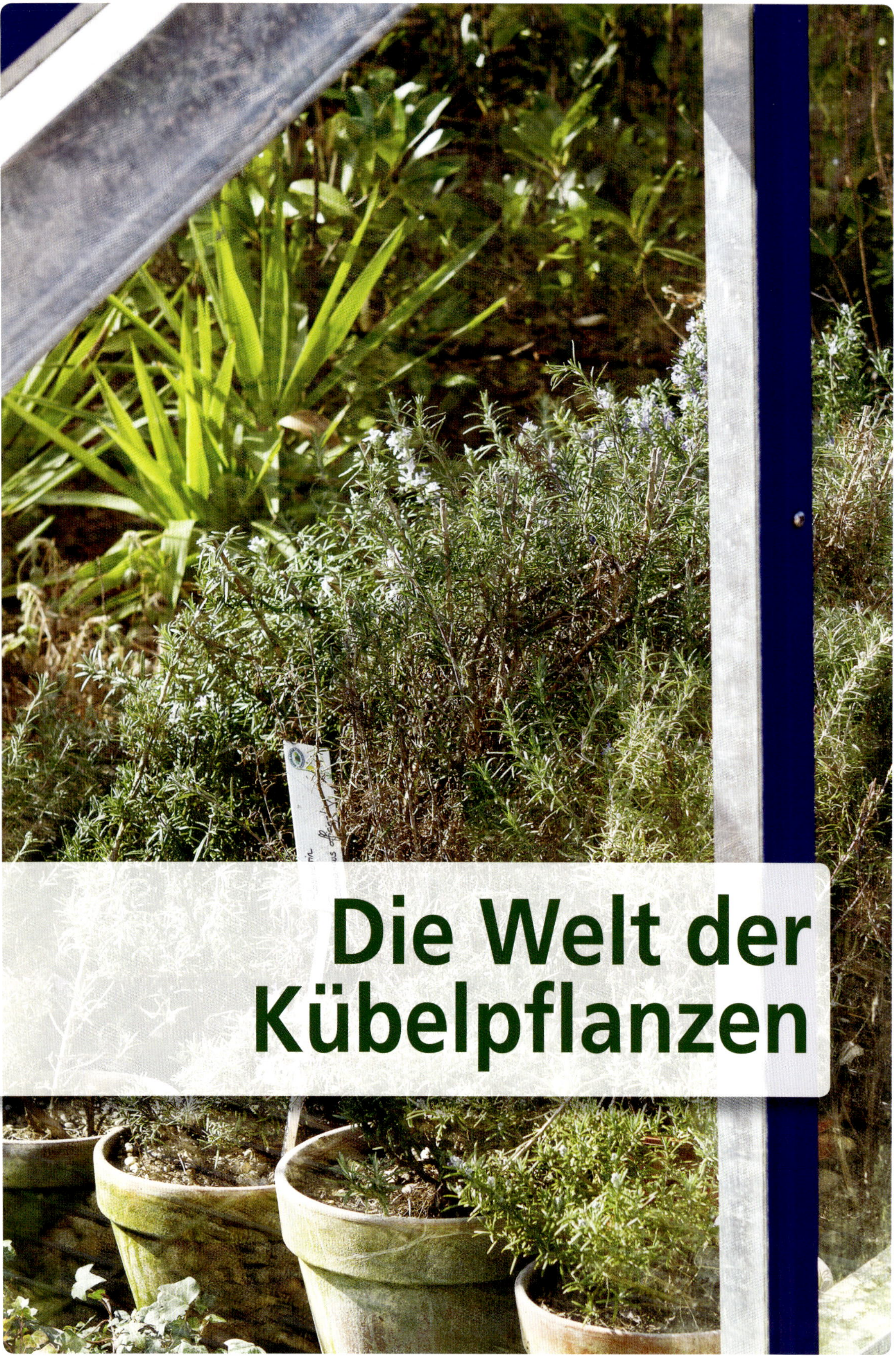

Die Welt der Kübelpflanzen

©Brocks

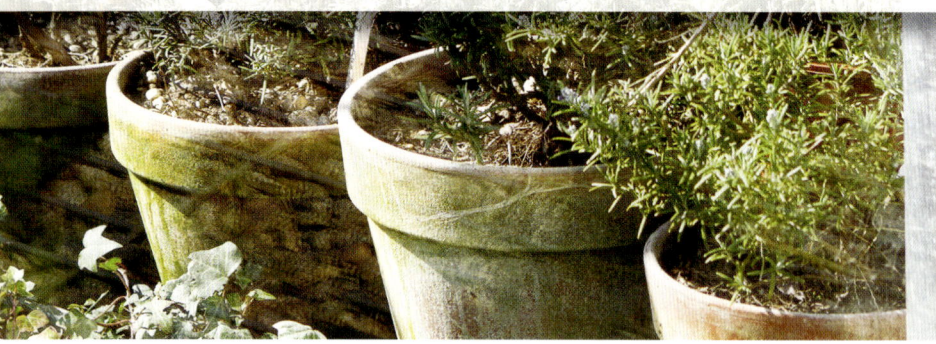

In der Gestaltung von naturnahen Gärten bilden heimische Arten immer das lebendige Fundament. Der Bezug zu unserer heimischen Naturlandschaft – mit all den begleitenden Tierarten – schafft für Gärtnerinnen und Gärtner eine Umwelt der Entspannung und persönlichen Verwurzelung. Ein Naturgarten öffnet aber der Vielfalt noch viele weitere Türen. Schon allein all die köstlichen Kulturpflanzen vom Gemüsebeet bis zum Obstgarten – sie alle sind gewohnt und typisch für unsere Gärten geworden, obwohl von „heimisch" im engeren Sinn natürlich weit entfernt. All unsere Gartenräume und Naturgartenelemente brauchen ihre eigenen Gestaltungsmittel und Pflanzenkombinationen für Struktur, Blüte und Genuss. Auf Balkonen, Terrassen, entlang von Wegen, bei Eingangsbereichen oder zur Ergänzung von Gartenräumen sind Kübelpflanzen für viele Gärten ein spannender und attraktiver Teil der Gestaltung. Heimisch und winterhart oder „exotisch" und empfindlich: Pflanzen, die mit dem kleinen Lebensraum des Kübels auskommen müssen, brauchen unsere besondere Aufmerksamkeit, wenn der Winter naht.

Woher kommen unsere Kübelpflanzen?

Wenn wir uns überlegen, wie unsere Kübelpflanzen am besten gepflegt und überwintert werden, dann gilt unser erster Blick den ökologischen Bedingungen in ihrer ursprünglichen Heimat.

Von den tropischen Wäldern Südamerikas über die Winterregengebiete des Mittelmeerraums bis zu den dunstigen Waldgebieten Ostasiens – Böden, Lichtverhältnisse, Feuchtigkeit und Temperaturen sind in all diesen Gebieten sehr unterschiedlich. Für das richtige Überwintern sind besonders die Frostempfindlichkeit und der Lichtbedarf von großer Bedeutung. Mit diesen beiden Parametern eng verknüpft ist auch das winterliche Gießen.

Kübelpflanzen stammen aus vielen Gegenden unserer Erde. Angefangen von Mitteleuropa über die Mittelmeerregion, die Kanaren, Nord-, Mittel- und Südamerika, Südafrika, Australien und Neuseeland bis zu Ost- und Südostasien. Die spezifischen Umweltbedingungen dieser Länder geben uns wertvolle Hinweise, wie wir sie optimal überwintern können.

Kübelpflanzen ermöglichen uns, Blüten, Farben und Düfte ferner Landschaften auf unsere Terrassen zu holen.

Während die meisten der heimischen Pflanzen in Kübeln und Töpfen keine oder wenig Unterstützung im Winter benötigen, müssen die Pflanzen aus fernen Ländern zur richtigen Zeit in ein passendes Winterquartier gebracht werden. Schöne Beispiele für eine Kübelgestaltung mit heimischen und frostfesten Pflanzen sind Rosen, Buchs, Eibe, Hainbuche, Liguster bzw. Schneeball-Arten, Eibisch oder Hortensien-Arten.

Ein Pflanzkübel ist aber ein äußerst beschränkter Lebensraum. Winterhärte muss man hier ein wenig vorsichtiger bewerten – viel stärker trocknet der Wind die Pflanzen aus, viel schneller friert der Wurzelballen durch. Selbst Pflanzen aus extremen Trockengebieten müssen im Sommer gut gegossen werden – das gewohnte, weit und tief reichende Wurzelsystem kann sich im Topf nicht ausbilden.

Am empfindlichsten sind natürlich die tropischen Pflanzen aus Südamerika, Südostasien oder Australien, die den Sommer bei uns im Freien verbringen dürfen. Gleichmäßige Temperatur- und Lichtverhältnisse sowie regelmäßiges Gießen sind hier angebracht. Die Kübelpflanzen aus den immerfeuchten Tropen kommen oft mit relativ wenig Licht zurande, da sie in ihrer Heimat meist im Unterwuchs gedeihen und häufig wolkige, dunstige und nebelige Bedingungen vorherrschen; Fröste hingegen sind ihnen gänzlich fremd. Typische Zimmerpflanzen oder Arten der warmen Wintergärten, wie z. B. das Elefantenohr oder der Roseneibisch, bekommen schon lange vor dem Frost „kalte Füße". Auch Pflanzen der Kanaren, wie z. B. die Strauchmargerite, vertragen keinen Frost – denn auf den Inseln gibt es nur in den Bergen kalte Phasen.

Pflanzen aus den Subtropen oder den Gebieten mit hartlaubiger, mediterraner Vegetation machen immer wieder mit extremen Klimabedingungen Bekanntschaft, auch mit frostigen Temperaturen. Viele typische „Kübelpflanzenregionen" der Welt gehören in diese Gruppe – Teile Südamerikas über Südafrika, Ostaustralien, Neuseeland genauso wie Gebiete in Ostasien. Hier sind viele der Sonnenanbeter der Pflanzenwelt zu Hause.

Die Pflanzen für das mediterrane Feeling auf unseren Terrassen stammen nicht alle vom Mittelmeer. Zu ihnen gehören auch Arten aus Kalifornien, Chile, Südafrika oder Australien. Und so bekommen die beliebten Mittelmeer-Arten wie Oleander, Lorbeer oder Rosmarin Gesellschaft von Eisenholzbaum, Klebsame oder dem Zylinderputzer.

Pflanzen, die mit Extremsituationen leben müssen, haben sich daran mit ihren Wuchsformen oder speziellen Überdauerungsstrategien angepasst. Diese Anpassungen haben auch für das richtige Überwintern der Pflanzen Bedeutung. Manche Pflanzen verlieren die Blätter, andere behalten sie und haben diese mit dicken Wachsschichten, Haaren oder harten, schmalen Blattformen vor der Verdunstung geschützt.

Der Schutz vor Verdunstung und ausreichend Wasser sind im Winter, vor allem bei immergrünen Arten, lebenswichtig – und damit auch bedeutsam für die richtige Pflege. Was die Temperatur betrifft, sind auch kühlere Bedingungen möglich; kurzfristig ist auch leichter Frost kein Problem. In milden Regionen können manche dieser Pflanzen mit leichtem Schutz sogar im Freien überwintern. Dort, wo im natürlichen Lebensraum deutliche Trockenzeiten oder kalte Winter auftreten, reagieren viele Arten in der ungünstigen Periode mit Blattverlust. Diese Pflanzen machen uns das Überwintern oft ein wenig leichter, weil sie oft auch mit dunkleren Winterquartieren auskommen.

Noch trockener sind die Halbwüsten- und Steppengebiete der Erde, wo z. B. *Yucca*-Arten oder die Agave natürlich vorkommen. Die Temperaturschwankungen sind dort sehr hoch und interessanterweise sind sogar Fröste möglich. Mit dem Gießen muss man bei diesen Pflanzen gerade im Winter aber sehr vorsichtig sein.

Besonders viele beliebte Kübelpflanzen stammen aus den feuchten, warm temperierten Wäldern Ostasiens, Australiens und Neuseelands. Ganzjährig feuchte Bedingungen mit Passat- oder Monsunregen und eine kühle Jahreszeit zeichnen diese Regionen aus. Fröste kommen vor – so können wir uns die Überwinterungsbedingungen für die in Ostasien heimischen Kamelien oder die Zitrusgewächse gleich besser vorstellen.

Kübel schützend verpackt: Der Winter kann kommen.

Wann wird es Zeit für drinnen?

Um den richtigen Zeitpunkt dafür zu finden, die Pflanzen hineinzubringen, können wir sie grob in drei Kategorien einteilen. Wir können es einerseits mit erkältungsempfindlichen Pflanzen zu tun haben, die schon bei Temperaturen über 0 °C Schäden erleiden und als Erstes ins Winterquartier gebracht werden müssen. Dazu gehören manche Arten der Tropen, wie z. B. das Elefantenohr, der Roseneibisch, die Mandeville, Passionsblumen, oder generell Zimmerpflanzen auf „Sommerfrische" im Garten.

Die nächste Gruppe, die noch ein wenig länger im Freien bleiben kann, sind die gefrierempfindlichen Pflanzen. Diese vertragen kühlere Temperaturen; es darf in den Pflanzen aber nicht zur Eisbildung kommen. Das bedeutet nicht, dass die meisten von ihnen nicht leichten Frost ertragen können. Viele Arten haben Schutzmechanismen entwickelt, um sich vor Kälteschäden zu schützen. Zu dieser Kategorie zählen die meisten unserer typischen Kübelpflanzen, die als nicht frostfest bezeichnet werden.

Dabei gibt es Arten, die kälteempfindlicher sind und dann ins Winterquartier müssen, wenn die ersten Minusgrade angesagt werden, wie z. B. Schönmalve, Agave, Margerite, Wunderblume, Engelstrompete, die meisten Zitrusgewächse, Korallenstrauch, Fuchsien, Wandelröschen, Enzianstrauch oder Geranien (*Pelargonium*).

Aber es gibt bei den gefrierempfindlichen Arten auch solche, die durchaus einige Minusgrade tolerieren und erst vor strengeren Frösten geschützt werden müssen. Dazu gehören Schmucklilie, Zylinderputzer, Kamelien, Indisches Blumenrohr, die sehr kälteverträgliche Zwerg- und Hanfpalme, Brautmyrte, Feigenbaum, Kreppmyrte, Lorbeer, Oleander, Olive,

Mastixstrauch, Klebsame, Granatapfel, Rosmarin, Lorbeer-Schneeball oder die Palmlilie.

Weniger Aufwand für Gärtnerinnen und Gärtner beschert die dritte Pflanzengruppe, die gefrierbeständigen Pflanzen. Dazu gehören alle Arten der winterkalten Gebiete, also auch unsere heimischen Pflanzen. Diese Pflanzen können auch in unserer Region den Winter über im Freien bleiben. Kübelpflanzen, die im Freien bleiben, können auch unterstützt werden – durch eine Abdeckung mit Vlies, Jute oder Bambusmatten. So wird die Verdunstung reduziert und das Eindringen des Frostes in den Kübel verzögert.

Fünf Faustregeln beim Gärtnern mit Kübeln

Das Nachdenken über die unterschiedlichen Kältetoleranzen der Kübelpflanzen leitet wunderbar zu den wichtigsten Faustregeln des winterlichen Kübelgärtnerns über. Hell und kühl soll es für die meisten Pflanzen sein – aber da gibt es doch noch einiges mehr zu beachten.

So spät wie möglich rein und so früh wie möglich wieder raus

Wann auch immer der richtige Zeitpunkt für das Einräumen ist – die Zeit im Winterquartier sollte so kurz wie möglich sein. Das winterliche Einräumen schwächt alle Pflanzen, besonders, wenn die Bedingungen nicht ganz optimal sind. Auch die Übergangszeiten von draußen nach drinnen und umgekehrt sind von großer Bedeutung. Das Zauberwort heißt „Abhärtung". Wenn sich die Pflanzen langsam an die für sie erträglichen Minimumtemperaturen gewöhnen können, stellen sie sich nachhaltig auf ihren „Wintermodus" um. Es

steigert sich ihre Kältetoleranz, bei laubabwerfenden Pflanzen fallen die Blätter und der Bedarf an Wasser und Nährstoffen wird maximal eingeschränkt. So sind sie im idealen Zustand für ein erfolgreiches Überwintern. Ähnliches gilt im Frühjahr beim Ausräumen. Die Pflanzen sollten so früh wie möglich ins Freie kommen – aber am Anfang noch geschützt und auf einem (halb-) schattigen Standort, um sich akklimatisieren zu können. So lassen sich Verbrennungsschäden durch die ungewohnte Sonne vermeiden.

Je dunkler das Überwinterungsquartier, desto kühler muss es sein

Bei manchen Pflanzen liest man, dass ein helles Quartier ideal, aber auch ein dunkleres möglich ist. Bei den meisten Arten ist es dann allerdings wichtig, dass der Raum sehr kühl ist. Beispiele dafür sind Enzianstrauch, Oleander, Bitterorange, Wandelröschen oder der Korallenstrauch.

Immergrüne Pflanzen überwintern hell, laubabwerfende Arten auch dunkler

Immergrüne Pflanzen brauchen auch im Winter Licht und Wasser, obwohl auch sie im Winterquartier ihre Lebensfunktionen reduzieren. „Hell" ist es für die Pflanze auch nur direkt beim Fenster. Die Intensität des Lichtes nimmt mit der Entfernung rapide ab. Pflanzen, die im Winter keine Blätter tragen, sind ganz auf Ruhe programmiert – ohne Blätter brauchen sie im Winter natürlich auch weniger Licht. Auch die Verdunstung ist entsprechend eingeschränkt, daher noch größere Vorsicht beim Gießen. Manche (Halb-)Immergrüne können auch dunkler überwintern, verlieren dann aber ihre Blätter, wie z. B. Schönmalve oder die Engelstrompete.

Gießen: im Zweifelsfall lieber zu wenig als zu viel

Wer gewohnt ist, seine Pflanzen täglich mit einem guten Schluck Wasser zu verwöhnen, sollte sich für den Winter die „Fingermethode" angewöhnen. Zu viel Feuchtigkeit gehört zu den Hauptgründen für Ausfälle von Kübelpflanzen im Winter. Der Wurzelballen sollte nur so viel gegossen werden, dass er nicht völlig austrocknet. Die Fingermethode bedeutet, dass man seinen Finger 1 bis 2 Zentimeter in das Substrat steckt und prüft, ob sich die Erde dort noch feucht anfühlt. Wenn ja, kann auf das Gießen getrost noch verzichtet werden.

Geschnitten wird nach der Blüte

Um buschige, kompakte Kübelpflanzen zu bekommen, ist es unerlässlich, regelmäßig zur Schere zu greifen – und erfahrene Kübelgärtner machen das oft erstaunlich rigoros. Nach der Blüte ist so gut wie immer der beste Zeitpunkt dafür – so verbraucht die Pflanze keine Energie in Samen oder Früchte und kann neue Blütentriebe ausbilden. Natürlich bietet sich auch der Herbst für einen Formschnitt an, um im Winterquartier Platz zu sparen. Auch das ist kein Problem, manche Arten brauchen das sogar – Vorsicht nur bei Arten, die im Frühling blühen. Diese haben die Blüten schon angelegt und man würde sie im Herbst wegschneiden. Bei Dauerblühern muss man sich irgendwann einfach überwinden und auch in die Blüte schneiden. Wer den einen oder anderen Schnitt schon im Sommer setzt, hat den Vorteil, dass die Wunden der Pflanzen sehr schnell heilen und es kaum Eintrittspforten für Infektionen gibt.

©Brocks

Frostfrei und hell überwintern kälteempfindliche Gehölze hoffentlich problemlos.

Im Winter wird gefastet

Von den Temperaturen, der Feuchtigkeit und den Lichtverhältnissen haben wir schon einiges gehört. Wichtig ist jetzt noch der richtige Umgang mit den Nährstoffen. Naturgärtnerinnen und Naturgärtner setzen natürlich auf feste und flüssige organische Dünger. Diese werden von Bodenorganismen für die Pflanzen verfügbar gemacht. Daher muss das Substrat belebt, das heißt mit einem gewissen Anteil Kompost versorgt sein. Bereits ab August wird die Düngung der Kübelpflanzen reduziert und ab September eingestellt. Nur so können die Triebe ausreifen und sich auf die Winterzeit einstellen. Neue Nährstoffe gibt es erst wieder im Frühjahr.

Welche Winterquartiere passen für wen?

Das richtige Winterquartier zu haben ist ein wirklich entscheidendes Kriterium für die Auswahl der Kübelpflanzen. Nach all dem, was wir jetzt über die Bedürfnisse der Kübelpflanzen im Winter wissen, können wir uns das optimale Quartier für die meisten Arten bildlich vorstellen: hell, aber ohne direktes Sonnenlicht, eine konstante Temperatur zwischen 5 und 10 °C, gut durchlüftet und mit nicht zu trockener Luft. Ideal geeignet zum Überwintern sind also beheizbare Gewächshäuser oder gut belüftbare und unbeheizte Wintergärten. Die Sonne darf die Räume nicht zu stark erwärmen, sonst verlieren die Pflanzen ihre Winterhärte. Das gilt auch für mobile Gewächshäuser aus Kunststofffolien.

Die meisten Gartenfreunde müssen sich aber mit etwas einfacheren Möglichkeiten begnügen. Für viele Arten passend sind auch Lichtschächte, kühle Treppenhäuser oder helle Kellerräume. In den Kellern geht es aber meist schon in die dunkle Seite der Winterquartiere, genauso wie in Garagen. Diese Räume sind zum Überwintern grundsätzlich geeignet, es müssen nur die Pflanzen dafür richtig ausgesucht sein. Manche Arten fühlen sich im Winter auch in kühlen Wohnräumen, manche auch in warmen wohl. Achten muss man allerdings auf die Luftfeuchtigkeit, die hier gerne zu niedrig wird.

Wer es sich ganz leicht machen will und bereit ist, etwas Geld auszulegen, hat auch die Möglichkeit, seine Pflanzen im Winter in einer Gärtnerei unterzubringen.

Pflanzenschutz im Winterquartier

Im Naturgarten steht wie immer vorbeugender Pflanzenschutz an erster Stelle. Das bedeutet, dass wir darauf achten müssen, nur gesunde und schädlingsfreie Pflanzen ins Winterquartier zu bringen. Daher werden die Pflanzen schon beim Einräumen gut auf Schädlingsbefall kontrolliert. Werden Schädlinge mit einquartiert, so ist die Ansteckungsgefahr natürlich riesig. Welke Blätter sollten entfernt werden und die Wurzelballen nicht zu feucht sein. So können Pilzkrankheiten vermieden werden.

Blatt-, Schild-, Woll- und Schmierläuse können bei aller Vorsicht auftreten. Spinnmilben sind meist ein Zeichen für zu trockene Luft. Naturgärtnerinnen und Naturgärtner verzichten auf chemische Pflanzenschutzmittel und versuchen, die Tiere abzuspritzen, zu zerdrücken oder mit einem Tuch abzuwischen. Als letzten Ausweg gibt es im Fachhandel biologische Pflanzenschutzmittel, die für die entsprechenden Schädlinge zugelassen sind.

©Biermaier

„Hell" ist es im Überwinterungsquartier nur direkt am Fenster.

Überwinterung der beliebtesten Kübelpflanzen

Agave (*Agave americana* und andere Arten)
Pflanzenfamilie: Spargelgewächse (Asparagaceae)
Herkunft: Amerika
Bedeutung für Nützlinge: keine
Kältetoleranz: bei *A. americana* kurzfristig bis 0 °C möglich, andere Agave-Arten sollten Temperaturen unter 10 °C nicht ausgesetzt werden
Winterquartier: *A. americana* kann gut in einem hellen, frostfreien Keller überwintert werden; andere Arten am besten im hellen Wintergarten oder im Glashaus über 10 °C
Einwinterungsschnitt: kein Schnitt nötig
Pflege im Winter: wenig gießen, Staunässe unbedingt vermeiden; von Oktober bis März nicht düngen
Besonderheiten: Im Winterquartier sollte die Luftfeuchtigkeit nicht zu hoch sein

Brautmyrte (*Myrtus communis*)
Pflanzenfamilie: Myrtengewächse (Myrtaceae)
Herkunft: Mittelmeerraum
Bedeutung für Nützlinge: gering
Kältetoleranz: 0 °C, leichter Frost wird kurzzeitig ertragen
Winterquartier: hell und kühl bei Temperaturen zwischen 5 und 10 °C
Einwinterungsschnitt: Schnitt ist jederzeit möglich
Pflege im Winter: nicht düngen, wenig gießen, aber nicht ganz austrocknen lassen
Besonderheiten: keine

Chinesischer Roseneibisch (*Hibiscus rosa-sinensis*)
Pflanzenfamilie: Malvengewächse (Malvaceae)
Herkunft: Asien
Bedeutung für Nützlinge: gering
Kältetoleranz: einräumen, sobald die Temperatur unter 12 °C sinkt
Winterquartier: hell und kühl bei ca. 15 °C; kann bei einem sehr hellen Standort auch gut wärmer überwintern
Einwinterungsschnitt: nicht nötig
Pflege im Winter: nicht düngen, nicht ganz austrocknen lassen
Besonderheiten: bei warmer Überwinterung und ausreichend Licht auch im Winter Blüten

Echte Zypresse, Säulenzypresse (*Cupressus sempervirens*)

Pflanzenfamilie: Zypressengewächse (Cupressaceae)
Herkunft: Asien, östlicher Mittelmeerraum
Bedeutung für Nützlinge: keine
Kältetoleranz: verträgt ausgepflanzt kurzfristig Fröste bis zu –15 °C und ist auch im Kübel recht frostresistent
Winterquartier: entweder geschützt im Freien oder luftig und hell bis dunkler knapp über dem Gefrierpunkt
Einwinterungsschnitt: nicht notwendig
Pflege im Winter: nicht düngen, nicht austrocknen lassen
Besonderheiten: Winterquartiere müssen gut lüftbar sein, sonst droht Grauschimmelbefall

Echter Feigenbaum (*Ficus carica*)

Pflanzenfamilie: Maulbeergewächse (Moraceae)
Herkunft: Mittelmeerraum, Vorderasien
Bedeutung für Nützlinge: keine
Kältetoleranz: Manche Sorten ertragen ausgepflanzt bis –20 °C, friert aber oft zurück und sollte im Kübel möglichst spät, aber vor den ersten strengen Frösten eingeräumt werden
Winterquartier: Die Feige verliert das Laub im Herbst und kann daher sehr kühl bei 2 bis 5 °C und notfalls auch dunkel überwintert werden
Einwinterungsschnitt: nicht notwendig
Pflege im Winter: nicht düngen, nicht völlig austrocknen lassen
Besonderheiten: Feigenbäume im Kübel sollten möglichst früh ausgeräumt werden (schon im März), damit sie nicht zu früh austreiben

Elefantenohr, Pfeilblatt, Taro (*Colocasia esculenta, Alocasia* spp.)

Pflanzenfamilie: Aronstabgewächse (Araceae)
Herkunft: Asien und Australien
Bedeutung für Nützlinge: keine
Kältetoleranz: Die tropischen Gattungen vertragen keinen Frost; *Alocasia*-Arten brauchen das ganze Jahr einen warmen Standort ohne direktes Sonnenlicht und können nur im Sommer kurzzeitig auf die Terrasse übersiedeln
Winterquartier: Überwinterung auch im warmen Zimmer idealerweise bei ca. 20 °C
Einwinterungsschnitt: Nach einem herbstlichen Rückschnitt kann *Colocasia* auch kühl und dunkel überwintert werden
Pflege im Winter: Bei warmer Überwinterung mit Blättern immer ausreichend gießen. Keine Düngung im Herbst und Winter
Besonderheiten: Für die Nutzung auf der Terrasse ist *Colocasia esculenta* besser geeignet, da sie kurzfristig Temperaturen um 10 °C und leicht darunter erträgt

©Brocks
©Brocks
©Brocks

Engelstrompete (*Brugmansia*-Hybriden)

Pflanzenfamilie: Nachtschattengewächste (Solanaceae)
Herkunft: Südamerika
Bedeutung für Nützlinge: Nahrung für Bienen, Hummeln und Nachtfalter
Kältetoleranz: 0 °C; muss vor dem ersten Frost ins Winterquartier
Winterquartier: am besten hell, luftig und kühl bei Temperaturen zwischen
5 und 15 °C; bei dunkler Überwinterung (bis max. 7 °C) verliert die Pflanze alle
Blätter, was besonders junge Exemplare sehr schwächt
Einwinterungsschnitt: eher vorsichtig schneiden, eher auslichten, weil man sonst
die ersten Blüten entfernt; am besten nach dem Auswintern. Bei Platzmangel auch
radikaler Rückschnitt vor dem Einräumen möglich – jedoch nicht bis in den Stamm
schneiden. Dann aber nicht gleich kühl stellen, da sonst die Wunden nicht heilen.
Pflege im Winter: im Herbst Düngung einstellen und immer trockener halten; im
Winterquartier wenig, aber regelmäßig gießen
Besonderheiten: Die verschiedenen Arten und Sorten unterscheiden sich leicht, was
ihre Überwinterungsmöglichkeiten betrifft – beim Einkauf immer gezielt nachfragen

Enzianstrauch (*Lycianthes rantonnetii*)

Pflanzenfamilie: Nachtschattengewächse (Solanaceae)
Herkunft: Südamerika
Bedeutung für Nützlinge: gering
Kältetoleranz: Der Enzianstrauch sollte eingeräumt werden,
wenn die Temperatur ca. 10 °C erreicht
Winterquartier: am besten hell und kühl zwischen 7 und 10 °C; bei dunkler
Überwinterung sehr kühl
Einwinterungsschnitt: nicht nötig; erster Schnitt im Frühjahr vor dem Austreiben
Pflege im Winter: nicht düngen, nicht ganz austrocknen lassen
Besonderheiten: bei dunkler Überwinterung verzögerte Blüte

Fuchsie (*Fuchsia*-Hybriden)

Pflanzenfamilie: Nachtkerzengewächse (Onagraceae)
Herkunft: Amerika, Neuseeland
Bedeutung für Nützlinge: Nahrungspflanze für Schmetterlingsraupen wie z. B. den
Kleinen Weinschwärmer oder das Taubenschwänzchen
Kältetoleranz: 0 °C; Fuchsien vor dem ersten Frost ins Winterquartier bringen
Winterquartier: luftig und frostfrei bei Temperaturen zwischen 10 und 15 °C, auch
dunkel bei 2 bis 8 °C möglich
Einwinterungsschnitt: Rückschnitt um ca. $\frac{1}{3}$ im Herbst möglich, schwache und
nach innen gewachsene Triebe entfernen; der Schnitt kann auch im Frühjahr erfolgen
Pflege im Winter: nicht düngen, bei dunkler Überwinterung weitgehend trocken
halten; an helleren Plätzen etwas mehr, aber vorsichtig gießen
Besonderheiten: Zum Schutz vor Pilzkrankheiten sollten die noch vorhandenen
Blätter und Blüten vor der Einwinterung abgeschnitten werden

Granatapfel (*Punica granatum*)

Pflanzenfamilie: Weiderichgewächse (Lythraceae)
Herkunft: Vorderasien
Bedeutung für Nützlinge: wird von Insekten bestäubt
Kältetoleranz: −10 °C
Winterquartier: möglichst kühl bei 3 bis 8 °C; am besten hell; kann an sehr kühlen Plätzen auch dunkler überwintern, da laubabwerfend
Einwinterungsschnitt: nicht nötig, Auslichten beim Einräumen ist möglich
Pflege im Winter: nicht düngen, nicht ganz austrocknen lassen
Besonderheiten: Zwergsorten eignen sich gut als Kübelpflanze

Hanfpalme (*Trachycarpus fortunei*)

Pflanzenfamilie: Palmengewächse (Arecaceae)
Herkunft: Zentral- und Ostchina
Bedeutung für Nützlinge: keine
Kältetoleranz: −10 °C
Winterquartier: kann in warmen Regionen geschützt im Freien überwintern; bei sehr tiefen Außentemperaturen auch hell bei 0 bis 10 °C; Überwinterung bei Kälte auch relativ dunkel
Einwinterungsschnitt: nicht nötig
Pflege im Winter: nicht düngen, nicht ganz austrocknen lassen
Besonderheiten: vor Wind schützen

Indisches Blumenrohr (*Canna-Indica*-Hybriden)

Pflanzenfamilie: Blumenrohrgewächse (Cannaceae)
Herkunft: Südamerika
Bedeutung für Nützlinge: werden von Bienen, Hummeln und Wespen besucht
Kältetoleranz: 0 °C
Winterquartier: im trockenen Keller oder frostfreien Schuppen bei ca. 10 °C in Säcken oder Kisten, am besten in Sand eingeschlagen
Einwinterungsschnitt: Die Wurzelstöcke werden nach dem ersten Frost 10 bis 20 Zentimeter über dem Boden abgeschnitten und mit einer Grabgabel vorsichtig ausgegraben
Pflege im Winter: keine zusätzliche Pflege nötig
Besonderheiten: Zwergformen können mit den Kübeln überwintert werden; sie blühen aber besser, wenn man sie ebenfalls im Frühjahr ausgräbt, gegebenenfalls teilt und wieder neu setzt

©Brocks

Kamelie (*Camellia japonica*)
Pflanzenfamilie: Teestrauchgewächse (Theaceae)
Herkunft: Asien
Bedeutung für Nützlinge: Im Frühjahr werden die Blüten gerne von Bienen besucht
Kältetoleranz: −5 °C
Winterquartier: sehr hell, luftfeucht und kühl bei Temperaturen zwischen 5 und 10 °C
Einwinterungsschnitt: nicht notwendig
Pflege im Winter: keine Düngung im Winter, gleichmäßige Wasserversorgung während der Blütezeit, aber kein Stauwasser
Besonderheiten: möglichst kalkarmes Substrat und Gießwasser verwenden; behutsam auswintern, zuerst im Schatten, sonst erleiden die Pflanzen Sonnenschäden

©Brocks

Klebsame (*Pittosporum tobira*)
Pflanzenfamilie: Klebsamengewächse (Pittosporaceae)
Herkunft: Ostasien
Bedeutung für Nützlinge: gering
Kältetoleranz: im Kübel vor Frost schützen; ausgepflanzt bis ca. −10 °C
Winterquartier: immergrün, daher hell und kühl zwischen 5 und 10 °C
Einwinterungsschnitt: nicht nötig
Pflege im Winter: nicht düngen, nicht ganz austrocknen lassen
Besonderheiten: beliebter Zier- und Heckenstrauch im Mittelmeerraum

©Brocks

Korallenstrauch (*Erythrina crista-galli*)
Pflanzenfamilie: Schmetterlingsblütler (Fabaceae)
Herkunft: Südamerika
Bedeutung für Nützlinge: Die Blüten locken mit ihrem Nektar Bienen an
Kältetoleranz: 0 °C; muss vor dem ersten Frost ins Winterquartier
Winterquartier: Die Pflanze wirft das Laub ab und kann auch dunkel überwintert werden bei Temperaturen zwischen 5 und 10 °C
Einwinterungsschnitt: beim Einräumen oder im Winter Blühtriebe zurückschneiden
Pflege im Winter: nicht düngen, nach dem Laubabwurf sehr trocken halten, aber nicht gänzlich austrocknen lassen
Besonderheiten: Im Kübel sollte die Sorte 'Compacta' verwendet werden

©Brocks

Lorbeer (*Laurus nobilis*)

Pflanzenfamilie: Lorbeergewächse (Lauraceae)
Herkunft: östliches Mittelmeergebiet
Bedeutung für Nützlinge: gering
Kältetoleranz: bis −10 °C
Winterquartier: frostfrei und luftig, am besten hell bei ca. 0 bis 10 °C; wenn sehr kühl, zur Not auch relativ dunkel möglich
Einwinterungsschnitt: nicht nötig; Formschnitt oder Auslichten im Frühjahr
Pflege im Winter: nicht düngen, wenig gießen, keine Staunässe
Besonderheiten: Blattschmuck- und Gewürzpflanze

©Brocks

Lorbeer-Schneeball (*Viburnum tinus*)

Pflanzenfamilie: Schneeballgewächse (Viburnaceae)
Herkunft: Mittelmeergebiet
Bedeutung für Nützlinge: frühe Nahrung für Bienen
Kältetoleranz: −10 °C
Winterquartier: Die immergrüne Pflanze kann im Weinbauklima ausgepflanzt und geschützt im Freien überwintern; im Kübel eher kühl, luftig und hell bei ca. 5 °C
Einwinterungsschnitt: nicht notwendig
Pflege im Winter: nicht düngen, regelmäßig, aber wenig gießen
Besonderheiten: kann meist schon ab März wieder ins Freie

©Brocks

Mandeville, Dipladenia (*Mandevilla* spp.)

Pflanzenfamilie: Hundsgiftgewächse (Apocynaceae)
Herkunft: Mittel- und Südamerika
Bedeutung für Nützlinge: liefert Nektar für Bienen und Hummeln
Kältetoleranz: Immergrüne Arten vertragen keinen Frost, die laubabwerfende *M. laxa* kurzzeitig schon
Winterquartier: sehr hell und relativ kühl bei Temperaturen über 10 bis 15 °C
Einwinterungsschnitt: kräftiger Rückschnitt möglich (Herbst oder Frühjahr)
Pflege im Winter: nicht düngen, nicht ganz austrocknen lassen
Besonderheiten: vorsichtig auswintern, zuerst halbschattig stellen

Mastixstrauch (*Pistacia lentiscus*)

Pflanzenfamilie: Sumachgewächse (Anacardiaceae)
Herkunft: Mittelmeerraum und Kanaren
Bedeutung für Nützlinge: gering
Kältetoleranz: im Kübel vor Frost schützen; ausgepflanzt bis ca. −10 °C
Winterquartier: immergrün, daher hell und kühl zwischen 5 und 10 °C
Einwinterungsschnitt: nicht nötig
Pflege im Winter: nicht düngen, nicht ganz austrocknen lassen
Besonderheiten: pflegeleichte Kübelpflanze

Oleander (*Nerium oleander*)

Pflanzenfamilie: Hundsgiftgewächse (Apocynaceae)
Herkunft: Mittelmeerraum
Bedeutung für Nützlinge: gering
Kältetoleranz: −5 °C
Winterquartier: luftig, kühl und hell bei Temperaturen zwischen 5 und 10 °C; wenn dunkler überwintert, dann sehr kühl (um den Gefrierpunkt)
Einwinterungsschnitt: nicht nötig; vor dem Ausräumen kann man ihn auslichten
Pflege im Winter: nicht düngen, nicht ganz austrocknen lassen
Besonderheiten: die Blütenstände beim Einräumen nicht abschneiden, sonst verzögert sich die Blüte

Olive (*Olea europaea*)

Pflanzenfamilie: Ölbaumgewächse (Oleaceae)
Herkunft: Mittelmeergebiet, Kanaren, Vorderasien
Bedeutung für Nützlinge: wird von Bienen und Hummeln besucht
Kältetoleranz: −10 °C
Winterquartier: kühl und hell bei Temperaturen zwischen 5 und 10 °C
Einwinterungsschnitt: nicht nötig
Pflege im Winter: keine Düngung, nur ganz leicht feucht halten, keine Staunässe
Besonderheiten: wenn erst sehr spät eingeräumt, ist auch dunkle und sehr kühle Überwinterung möglich

Palmlilie (*Yucca gloriosa*)

Pflanzenfamilie: Agavengewächse (Agavaceae)
Herkunft: Amerika
Bedeutung für Nützlinge: wird von Bienen und Hummeln besucht
Kältetoleranz: −10 °C
Winterquartier: frostfrei bei 0 bis 10 °C und so hell wie möglich, kann spät eingeräumt werden
Einwinterungsschnitt: nicht notwendig
Pflege im Winter: nicht düngen, sehr trocken halten, aber nicht ganz austrocknen lassen
Besonderheiten: empfindlich gegen Staunässe

Paradiesvogelstrauch (*Caesalpinia gilliesii*)

Pflanzenfamilie: Schmetterlingsblütler (Fabaceae)
Herkunft: Südamerika
Bedeutung für Nützlinge: keine
Kältetoleranz: 0 °C, erträgt leichte Fröste
Winterquartier: hell und kühl bei 5 bis 10 °C; wenn die Pflanze alle Blätter verloren hat, ist auch ein dunkler und kühler Ort möglich.
Einwinterungsschnitt: nicht notwendig; Schnitt erfolgt nach der Blüte im August
Pflege im Winter: nicht düngen, wenig gießen; an dunklen Überwinterungsplätzen kann man das Gießen im Winter sehr stark reduzieren
Besonderheiten: keine, eher anspruchslos

Passionsblume (*Passiflora* spp.)

Pflanzenfamilie: Passionsblumengewächse (Passifloraceae)
Herkunft: Amerika, Asien, Ozeanien
Bedeutung für Nützlinge: werden von Bienen, Hummeln, Schwebfliegen und Wespen besucht
Kältetoleranz: je nach Art unterschiedlich, *P. caerulea* verträgt etwas Frost
Winterquartier: für gängige Kübelpflanzen-Sorten: hell, luftig und relativ kühl bei ca. 12 bis 15 °C
Einwinterungsschnitt: Schnitt im zeitigen Frühjahr
Pflege im Winter: nicht düngen, nicht ganz austrocknen lassen
Besonderheiten: Kälte vom Boden her verhindern

Pelargonie, Geranie (*Pelargonium* spp.)

Pflanzenfamilie: Storchschnabelgewächse (Geraniaceae)
Herkunft: Südafrika
Bedeutung für Nützlinge: gering
Kältetoleranz: ca. 5 °C, manche Sorten vertragen kurzfristigen Frost
Winterquartier: hell und kühl bei 5 bis 10 °C, je dunkler, desto kühler
Einwinterungsschnitt: Rückschnitt auf ca. 10 Zentimeter, Blätter weitgehend entfernen
Pflege im Winter: nicht ganz austrocknen lassen
Besonderheiten: zum Überwintern aus dem Blumenkistchen nehmen und in Töpfe setzen oder einzeln in Zeitungspapier wickeln

Rosmarin (*Rosmarinus officinalis*)

Pflanzenfamilie: Lippenblütler (Lamiaceae)
Herkunft: Mittelmeerraum
Bedeutung für Nützlinge: bei Bienen und Hummeln sehr beliebt
Kältetoleranz: verträgt leichten Frost
Winterquartier: hell und kühl bei Temperaturen zwischen 5 und 10 °C
Einwinterungsschnitt: nicht nötig, regelmäßig auslichten
Pflege im Winter: nicht düngen, nicht ganz austrocknen lassen
Besonderheiten: Robuste und frosthärtere Sorten sind erhältlich; beim Ausräumen zuerst in den Schatten stellen

Schmucklilie, Liebesblume (*Agapanthus*-Hybriden)

Pflanzenfamilie: Amaryllisgewächse (Amaryllidaceae)
Herkunft: Südafrika
Bedeutung für Nützlinge: Futterpflanze für Bienen, Hummeln, Schwebfliegen und Schmetterlinge
Kältetoleranz: Kurzfristige Fröste bis −5 °C werden ertragen, wenn die Wurzeln nicht frieren
Winterquartier: kühl bei 5 bis 10 °C. Immergrüne Arten (*A. africanus* und *A. praecox*) und ihre Sorten freuen sich über einen hellen Überwinterungsplatz. Dunkle Quartiere werden ertragen, besonders von *Agapanthus campanulatus*, die im Winter völlig einzieht und ohne Blätter überwintert.
Herbstschnitt: kein Schnitt notwendig
Pflege im Winter: wintergrüne Arten wenig gießen – nur so viel, dass sie nicht ganz austrocknen. Arten und Sorten, die ohne Blätter überwintern, brauchen im Winter gar nicht gegossen zu werden.
Besonderheiten: Wer Schmucklilien zu warm überwintert (über 10 °C), muss damit rechnen, dass die nächstjährige Blüte spärlich ausfällt. Immergrüne Arten verlieren bei dunkler Überwinterung die Blätter, wodurch sich im nächsten Jahr die Blüte deutlich verzögert.

Schönmalve (*Abutilon* spp.)

Pflanzenfamilie: Malvengewächse (Malvaceae)
Herkunft: Südamerika
Bedeutung für Nützlinge: Pollen und Nektar für Bienen und Hummeln
Kältetoleranz: 5 °C
Winterquartier: kühl und hell bei 10 bis 15 °C; wenn sehr hell auch wärmer möglich, nach Laubverlust auch dunkler
Einwinterungsschnitt: beim Einräumen oder im Spätwinter stark zurückschneiden
Pflege im Winter: keine spezielle Pflege nötig
Besonderheiten: Natürlicherweise meist immergrün, manche chilenische Arten sind laubabwerfend; bei kühler und kalter Überwinterung (unter 8 °C) verlieren alle Arten das Laub

Strauchmargerite (*Argyranthemum frutescens*)

Pflanzenfamilie: Korbblütler (Asteraceae)
Herkunft: Kanarische Inseln
Bedeutung für Nützlinge: Nahrungspflanze für Bienen, Hummeln, Schmetterlinge und Schwebfliegen
Kältetoleranz: ca. 5 °C
Winterquartier: kühl und hell bei 5 bis 10 °C, idealerweise im frostfreien Gewächshaus oder im Wintergarten
Einwinterungsschnitt: Rückschnitt der Triebe um ca. $1/3$ bis $1/2$ vor dem einräumen;Für stärkere Rückschnitte bietet sich auch die Zeit kurz vor dem Ausräumen im Frühjahr an
Pflege im Winter: sparsam gießen, sodass der Ballen nicht ganz austrocknet; keine Düngung im Winter
Besonderheiten: Strauchmargeriten überwintern ist nicht ganz einfach – aber wer naturnah gärtnert, versucht auch hier sein Bestes

Wandelröschen (*Lantana-Camara*-Hybriden)

Pflanzenfamilie: Eisenkrautgewächse (Verbenaceae)
Herkunft: Amerika
Bedeutung für Nützlinge: Schmetterlingspflanze
Kältetoleranz: vor den ersten Frösten ins Winterquartier bringen
Winterquartier: hell und kühl bei ca. 5 bis 15 °C
Einwinterungsschnitt: starker Rückschnitt beim Einräumen, jedenfalls vor dem Austrieb
Pflege im Winter: nicht düngen, in langen Abständen gießen, keine Staunässe
Besonderheiten: Obwohl immergrün, ist bei starkem Rückschnitt auch eine dunkle Überwinterung möglich (dann kühler bei 8 °C)

Die Welt der Kübelpflanzen

©Brocks

Wunderblume, Drillingsblume (*Bougainvillea glabra*)

Pflanzenfamilie: Wunderblumengewächse (Nyctaginaceae)

Herkunft: Südamerika

Bedeutung für Nützlinge: Schmetterlinge, wie z. B. das Taubenschwänzchen, saugen gerne den Nektar der Blüten von ungefüllten Sorten

Kältetoleranz: ca. 5 °C

Winterquartier: am besten hell und kühl, bei Temperaturen zwischen 5 und 10 °C. Da *Bougainvillea glabra* in der winterlichen, trockenen Ruhephase die Blätter abwirft, kann sie auch ein wenig dunkler überwintern, wenn es nicht zu warm wird.

Einwinterungsschnitt: Seitentriebe vor dem Austrieb im Frühjahr auf drei bis vier Augen einkürzen, auch kräftigere Rückschnitte am besten im Frühjahr vornehmen

Pflege im Winter: relativ trocken halten, nicht düngen

Besonderheiten: Andere *Bougainvillea*-Arten überwintern hell und etwas wärmer bei 10 bis 15 °C; auch sie freuen sich über eine Winterruhe, verlieren aber nicht alle Blätter, wenn der Standort optimal passt. Bei warmer Überwinterung ohne Trocken- und Ruhephase fällt die nächstjährige Blüte geringer aus.

©Brocks

Zitrus-Arten am Beispiel Zitrone (*Citrus limon*)

Pflanzenfamilie: Rautengewächse (Rutaceae)

Herkunft: Asien

Bedeutung für Nützlinge: bietet Nektar für Bienen und Hummeln

Kältetoleranz: ca. 0 °C

Winterquartier: hell und kühl bei Temperaturen zwischen 5 und 10 °C

Einwinterungsschnitt: Schnitt zur Einwinterung nicht nötig, aber möglich; kann mehrmals im Jahr geschnitten werden

Pflege im Winter: nicht düngen, nicht ganz austrocknen lassen

Besonderheiten: Andere Arten wie z. B. die Limette (*Citrus aurantiifolia*) überwintern gerne hell und etwas wärmer bei 12 bis 18 °C. Es gibt auch Zitrus-Arten, die bei Zimmertemperatur überwintert werden können, wie z. B. die Pampelmuse (*Citrus maxima*).

©Brocks

Zwergpalme (*Chamaerops humilis*)

Pflanzenfamilie: Palmengewächse (Arecaceae)

Herkunft: Mittelmeerraum

Bedeutung für Nützlinge: keine

Kältetoleranz: verträgt ausgepflanzt bis −10 °C; im Topf −5 °C

Winterquartier: in milden Gegenden geschützt im Freien, aber auch im warmen Zimmer oder im relativ dunklen Keller bei −5 bis 10 °C möglich; so lange wie möglich draußen lassen

Einwinterungsschnitt: nicht notwendig

Pflege im Winter: nicht düngen, nur leicht feucht halten (keinesfalls Stauwasser)

Besonderheiten: Die Blattstiele sind im Unterschied zur Hanfpalme bedornt; bei dunkler Überwinterung langsam wieder an die Sonne gewöhnen

©Brocks

Zylinderputzer (*Callistemon citrinus* und Hybriden)
Pflanzenfamilie: Myrtengewächse (Myrtaceae)
Herkunft: Australien
Bedeutung für Nützlinge: beliebt bei Bienen und Hummeln
Kältetoleranz: 0 °C, erträgt leichte Fröste
Winterquartier: Die immergrüne Pflanze überwintert am besten hell und kühl bei ca. 5 bis 10 °C
Einwinterungsschnitt: nicht notwendig; Schnitt erfolgt nach der Blüte im August
Pflege im Winter: nicht düngen, nicht austrocknen lassen
Besonderheiten: verträgt auf Dauer kein kalkreiches Gießwasser; Vorsicht beim Ausräumen – langsam an die Sonne gewöhnen, sonst drohen Frostrisse und Sonnenbrand

Überwinterung wichtiger Kübelpflanzen

Name	einräumen ab	Temp. zum Überwintern	Licht	mögliche Winterquartiere	Rückschnitt
Schönmalve (*Abutilon* spp.)	5 °C	10 bis 15 °C	Hell	Glashaus, Wintergarten, helles Zimmer	Ja
Schmucklilie, Liebesblume (*Agapanthus*-Hybriden)	0 °C	5 bis 10 °C	Hell oder dunkel	Glashaus, Wintergarten, helles Zimmer; Keller bei laubabwerfenden Arten	Nein
Agave (*Agave americana* und andere Arten)	10 °C	Über 10 °C	Hell	Glashaus, Wintergarten, heller Keller	Nein
Strauchmargerite (*Argyranthemum frutescens*)	5 ° C	5 bis 10 °C	Hell	Glashaus, Wintergarten	Ja
Wunderblume (*Bougainvillea glabra*)	5 ° C	5 bis 10 °C	Hell bis dunkler	Glashaus, Wintergarten, heller Keller; dunkler möglich, wenn kühl	Ja, im Frühjahr
Engelstrompete (*Brugmansia*-Hybriden)	0 °C	5 bis 10 °C	Hell	Glashaus, Wintergarten, helles Zimmer	Nur auslichten
Paradiesvogel-strauch (*Caesalpinia gilliesii*)	0 °C	5 bis 10 °C	Hell bis dunkler	Glashaus, Wintergarten; dunkler, wenn kühl	Nein
Zylinderputzer (*Callistemon citrinus* und Hybriden)	0 °C	5 bis 10 °C	Hell	Glashaus, Wintergarten	Nein

Überwinterung wichtiger Kübelpflanzen

Name	einräumen ab	Temp. zum Überwintern	Licht	mögliche Winterquartiere	Rückschnitt
Kamelie (*Camellia japonica*)	0 °C	5 bis 10 °C	Hell	Glashaus, Wintergarten	Nein
Indisches Blumenrohr (*Canna-Indica*-Hybriden)	0 °C	10 °C	Dunkel	Keller, Garage, Schuppen	Ja
Zwergpalme (*Chamaerops humilis*)	−5 °C	−5 bis 10 °C	Hell bis dunkler	Alle Winterquartiere möglich	Nein
Zitrus-Arten am Beispiel Zitrone (*Citrus limon*)	0 °C	5 bis 10 °C	Hell	Glashaus, Wintergarten	Nein
Elefantenohr (*Colocasia esculenta, Alocasia* spp.)	10 °C oder darüber	20 °C; 10 bis 15 °C bei *Colocasia*	Hell oder dunkel	Warmes, helles Zimmer, *Colocasia* auch kühl und dunkel	Ja, bei dunkler Überwinterung
Echte Zypresse, Säulenzypresse (*Cupressus sempervirens*)	−10 °C	2 bis 5 °C	Hell bis dunkler	Glashaus, Wintergarten, Garage, Keller, Lichtschacht ...	Nein
Korallenstrauch (*Erythrina crista-galli*)	0 °C	5 bis 10 °C	Hell	Glashaus, Wintergarten	Ja
Echter Feigenbaum (*Ficus carica*)	−5 °C	2 bis 5 °C	Hell bis dunkel	Glashaus, Wintergarten, Garage, Keller, Lichtschacht ...	Nein
Fuchsie (*Fuchsia*-Hybriden)	0 °C	5 bis 10 °C	Hell bis dunkel	Glashaus, Wintergarten, Garage, Keller, Lichtschacht ...	Ja, Blätter und Blüten entfernen
Chinesischer Roseneibisch (*Hibiscus rosa-sinensis*)	12 °C	15 °C	Hell	Glashaus, Wintergarten, helles und kühles Zimmer, wärmeres Zimmer, wenn sehr hell	Nein
Wandelröschen (*Lantana-Camara*-Hybriden)	5 °C	5 bis 15 °C; 8 °C, wenn dunkel überwintert	Hell bis dunkler	Glashaus, Wintergarten, helles und kühles Zimmer; dunkel nach Rückschnitt	Ja
Lorbeer (*Laurus nobilis*)	−5 °C	0 bis 10 °C; sehr kühl, wenn dunkel	Hell bis dunkel	Glashaus, Wintergarten, heller Keller; dunkler möglich, wenn sehr kühl	Nein

Name	einräumen ab	Temp. zum Überwintern	Licht	mögliche Winterquartiere	Rückschnitt
Enzianstrauch (*Lycianthes rantonnetii*)	10 °C	7 bis 10 °C, kühler, wenn dunkel	Hell bis dunkler	Glashaus, Wintergarten, heller Keller; dunkler möglich, wenn kühl	Kräftiger Rückschnitt möglich
Mandeville (*Mandevilla* spp.)	15 °C	ca. 10 bis 15 °C	Sehr hell	Glashaus, Wintergarten	Kräftiger Rückschnitt möglich
Brautmyrte (*Myrtus communis*)	0 °C	5 bis 10 °C	Hell	Glashaus, Wintergarten	Nein
Oleander (*Nerium oleander*)	−5 °C	5 bis 10 °C, kühl, wenn dunkler	Hell bis dunkler	Glashaus, Wintergarten, heller Keller; dunkler möglich, wenn kühl	Nein
Olive (*Olea europaea*)	−10 °C	5 bis 10 °C, sehr kühl, wenn dunkler	Hell bis dunkler	Glashaus, Wintergarten, heller Keller; dunkler möglich, wenn sehr kühl	Nein
Passionsblume (*Passiflora* spp.)	12 °C	ca. 12 bis 15 °C	Hell	Glashaus, Wintergarten, helles, kühles Zimmer	Im zeitigen Frühjahr
Pelargonie, Geranie (*Pelargonium* spp.)	5 °C	5 bis 10 °C, kühl, wenn dunkler	Hell bis dunkler	Glashaus, Wintergarten, heller Keller; dunkler möglich, wenn kühl	Ja, auf 10 cm; Blätter entfernen
Mastixstrauch (*Pistacia lentiscus*)	0 °C	5 bis 10 °C	Hell	Glashaus, Wintergarten	Nein
Klebsame (*Pittosporum tobira*)	0 °C	5 bis 10 °C	Hell	Glashaus, Wintergarten	Nein
Granatapfel (*Punica granatum*)	−5 °C	3 bis 8 °C, kühl, wenn dunkler	Hell bis dunkler	Glashaus, Wintergarten, heller Keller; dunkler möglich, wenn kühl	Auslichten beim Einräumen
Rosmarin (*Rosmarinus officinalis*)	−5 °C	5 bis 10 °C	Hell	Glashaus, Wintergarten	Nein
Hanfpalme (*Trachycarpus fortunei*)	−10 °C	0 bis 10 °C, kühl, wenn dunkler	Hell bis dunkler	Im Freien, Glashaus, Wintergarten; dunkler möglich, wenn kühl	Nein
Lorbeer-Schneeball (*Viburnum tinus*)	−5 °C	ca. 5 °C	Hell	Geschützt im Freien, Glashaus, Wintergarten	Nein
Palmlilie (*Yucca gloriosa*)	−10 °C	0 bis 10 °C	Sehr hell	Glashaus, Wintergarten	Nein

Register & Bezugsadressen

Nützliche Adressen

Bezugsquellen für Pflanzen und Saatgut

Arche Noah – Gesellschaft zur Erhaltung und Verbreitung der Kulturpflanzenvielfalt
Schaugarten
Obere Straße 40, 3553 Schiltern
www.arche-noah.at

ReinSaat KG
3572 St. Leonhard am Hornerwald 69
www.reinsaat.at

Ökokreis
Ottenstein 3, 3532 Rastenfeld
www.oekokreis.org

Starkl Anton GmbH
Gärtnerstraße 4, 3430 Frauenhofen/Tulln
www.starkl.at

Lechner – Stauden
Bahngasse 1, 2231 Strasshof
www.lechner-stauden.at

Verein zur Erhaltung der Nutzpflanzenvielfalt e. V., c/o Barbara Féret
Mondrianplatz 11, D-36041 Fulda
www.nutzpflanzenvielfalt.de

Naturgarten e.V. - Verein für naturnahe Garten- und Landschaftsgestaltung
Bundesgeschäftsstelle Gabriele Esch und Kerstin Lüchow
Kernerstr. 64, D-74076 Heilbronn
www.naturgarten.org

Baumschulen mit Raritäten

Silva Nortica Bio-Baumschule
Reichenau am Freiwald 9
3972 Bad Großpertholz
www.artner.biobaumschule.at

Praskac Pflanzenland
Praskacstraße 101–108, 3430 Tulln
www.praskac.at

Zum Winterthema passende Schaugärten

Alchemistenpark
Marktplatz 6, 3470 Kirchberg am Wagram

Die Garten Tulln GmbH
Am Wasserpark 1, 3430 Tulln
Winterführungen
www.diegartentulln.at

Kittenberger Erlebnisgärten GmbH
Laabergstraße 15, 3553 Schiltern
www.kittenberger.at

Natur im Garten International

Alle Informationen zur „Natur im Garten"-Plakette in Österreich, Deutschland und der Schweiz:
Verein „Natur im Garten"
Am Wasserpark 1
3430 Tulln
post@naturimgarten.at
www.naturimgarten.at

Beratung und Information
in Deutschland/Vorarlberg:
www.gartenakademien.de
www.faktornatur.com

Tierschutz-Links

www.fledermausschutz.at
www.naturschutzbund.at
www.nabu.de

Literatur

Christine Weidenweber:
Freude am Garten in Herbst und Winter
Naumann & Göbel, Köln, 2010

Robert Sulzberger:
Gartenarbeiten im Winter
Naturbuch-Verlag, Augsburg, 1994

Robert Sulzberger:
Der winterfeste Garten
Augustus-Verlag, München, 2000

Dr. Brunhilde Bross-Burkhardt:
Gemüseraritäten im
naturnahen Garten
Cadmos/avBUCH Verlag,
Schwarzenbek, 2014

Maria Sansoni-Köchel:
Kübelpflanzen,
Das Handbuch der schönsten Arten für
Balkon, Terrasse und Wintergarten
BLV Buchverlag GmbH & Co. KG,
München, 2009

Wolfgang Kawollek:
Kübelpflanzen, Südländische Gehölze für die
Kultur in Töpfen und Kübeln
Ulmer-Verlag, Stuttgart, 1995

Christa Klus-Neufanger, Brigitte Goss:
Gartenpflanzen richtig überwintern
BLV Buchverlag GmbH & Co. KG, München,
2010

Siegfried Tatschl:
555 Obstsorten für den Permakulturgarten
und -balkon
Löwenzahn in der Studienverlag Ges.m.b.H,
Innsbruck, 2015

Katharina Bodenstein et al:
Kraut & Rüben, Das Jahreszeiten-Gartenbuch
BLV Buchverlag GmbH & Co. KG, München,
2014

Gregor Dietrich:
Obstraritäten im naturnahen Garten
Cadmos/avBUCH Verlag, Schwarzenbek,
2015

Monika Biermaier:
Nützlingsquartiere für naturnahe Gärten
Cadmos/avBUCH Verlag, Schwarzenbek, 2012

Internet-Links zum Thema

www.gartentipps.com
www.pflanzen-ueberwintern.de
www.pflanzen-ueberwintern.net
www.winterschutz.de
www.zimmerpflanzenlexikon.info

Verzeichnis der Pflanzenarten und -sorten

Register

Impressum

avBUCH im Cadmos Verlag
Copyright © 2015 by Cadmos Verlag, Schwarzenbek

Gestaltung: www.ravenstein2.de
Satz: www.pinkhouse.at
Fotos: Joachim Brocks
Illustrationen: Monika Biermaier
Lektorat: Ing. Barbara P. Meister MA, FachLektor.at
Projektleitung: Christine Weidenweber, www.verbene.eu
Coverfoto: Gina Sanders, fotolia.de
Druck: Westermann Druck, Zwickau

Deutsche Nationalbibliothek – CIP-Einheitsaufnahme
Die Deutsche Nationalbibliothek verzeichnet diese Publikation in der Deutschen National-
bibliografie; detaillierte bibliografische Daten sind im Internet über http://dnb.ddb.de abrufbar.

Printed in Germany

ISBN: 978-3-8404-8114-7